Manja Wöhr

# Die kleine wilde Frau

## – Das Handbuch –

Unliebsame Verhaltensweisen aufspüren
und Gewohnheiten ändern

WINDPFERD

1. Auflage 2019

Umschlaggestaltung: Jennifer Jünemann | www.bitdifferent.de
Verwendete Illustrationen: Manja Wöhr und Axel Bueckert @123rf.de
Illustrationen im Innenteil: Manja Wöhr
Lektorat: Sylvia Luetjohann
Satz und Layout: Marx Grafik & ArtWork
Druck und Bindung: C.H. Beck, Nördlingen

MIX
Papier aus verantwortungsvollen Quellen
FSC® C019821
FSC
www.fsc.org

Printed in Germany
ISBN 978-3-86410-221-9
www.windpferd.de

# Inhalt

*Alles Streben nach Glück und Reichtum*
*gilt der Erfüllung von Liebe und Vertrauen.*

*Wenn wir unserer inneren Lenkung folgen,*
*gehen wir den richtigen Weg.*

# Vorwort

Dieses Buch ist kein klassischer Ratgeber. Wozu auch? Die Regale in den Buchläden sind voll davon. Für alle Bereiche können wir uns Rat holen, meist von Fachleuten, die wissen, wovon sie reden. Ich habe ein paar davon gelesen und fand einige ziemlich gut – nämlich so gut, dass ich dachte: „Ja genau, so mache ich das ab sofort auch." Während des Lesens war ich mir sicher darüber, genau das zu befolgen, denn es machte für mich wirklich Sinn, was da stand. Doch die Sache war verzwickt. Kam eine Situation in der Art, wie es im Buch beschrieben war, hatte ich den Rat nicht zur Hand, denn der stand bei mir daheim im Regal. In dem Moment, in dem ich ihn gebraucht hätte, dachte ich gar nicht daran, sondern handelte wieder so wie bisher. Also las ich wieder nach und nahm mir erneut vor, es beim nächsten Mal anders zu machen. Und was passierte? Die Gewohnheit war da und der Rat war wieder bei mir daheim. Und so drehte ich mich weiter in meinem Hamsterrad, immer schön im Kreis herum.

Das wiederholte ich so lange, bis ich irgendwann den Ausstieg schaffte, hinein in mein Leben: in ein Leben, das für mich passte und das ich jetzt für kein anderes Leben der Welt tauschen möchte. Und genau das funktioniert mit der KWiF-Methode.

# Einleitung

Manche Menschen hören automatisch auf ihre innere Stimme. Bei mir war das anders. Ich brauchte eine Krise, die dazu führte, dass ich die Welt mit anderen Augen sah.

Ich glaube, dass grundsätzliche Veränderungen von einem Moment zum anderen stattfinden können. Denn ein Grundsatz ist nichts anderes als eine Erkenntnis oder eine Regel, an der man sich orientiert. Wenn wir plötzlich feststellen, dass diese Regel gar nicht stimmt und dass in Wahrheit eine ganz andere Regel gilt, dann verändert sich alles in einem Augenblick. So war das jedenfalls bei mir. Ich habe damals mein Vertrauen wiedergefunden. Um in diesem Vertrauen weiterzuleben, habe ich eine Möglichkeit für mich entdeckt.

KWiF ist eine selbstbestimmte Methode. Wir alle haben Grenzen. Wenn wir diese Grenzen nicht selbst bestimmen, tun das andere für uns. Dann leben wir nicht nach unseren Bedürfnissen und Wünschen, sondern nach denen von anderen Menschen.

Mittlerweile sind mehrere Jahre vergangen, in denen mich diese Methode begleitet. KWiF ist eine freudvolle und alltagstaugliche Möglichkeit, um bewusst durchs Leben zu gehen.

Als „Methode" bezeichnete es neulich eine Frau, mit der ich ins Gespräch gekommen war. Sie erzählte mir, dass sie sich vorkomme wie in einer Achterbahn. Ihr Leben sei ein heilloses Durcheinander. „So habe ich mir das nicht vorgestellt", meinte sie. „Ja", antwortete ich, „das kenne ich. Bei mir war es ähnlich …" Und dann erzählte ich ihr meine Geschichte.

In diesem Buch erzähle ich Ihnen meine Geschichte. Vielleicht kommt Ihnen manches bekannt vor. Und wer weiß, vielleicht sehen Sie nach dem Lesen manches mit anderen Augen.

Ich wünsche Ihnen viel Freude beim Lesen!

## Liebe Leserin, lieber Leser,

nun wird es etwas persönlicher.
Darf ich Ihnen deshalb das *du* anbieten?

# Was bedeutet KWiF?

Der Name KWiF leitet sich von *die kleine wilde Frau* ab.

Im Folgenden möchte ich sie dir gerne ein bisschen vorstellen. *Die kleine wilde Frau* steckt in jedem von uns.

Sie ist diejenige, die wir manchmal so lange ignoriert und verdrängt haben, dass wir sie nicht mehr hören können und uns dann wundern, warum wir uns in dieser Welt fehl am Platz fühlen. Sie ist es, die uns fühlen lässt, was richtig ist und was uns guttut. Und sie ist es, deren Rat wir befolgen sollten. Wozu sonst sollten wir so etwas wie eine innere Lenkung, eine innere Stimme haben?

Ob sie so aussieht wie dieses Fabelwesen? Aber nein, sie sieht überhaupt nicht aus, das ist ja das Problem! Sie ist unser Bauchgefühl, unsere Intuition, der wir folgen sollen. Doch wer kann sich darunter denn schon etwas vorstellen? Da bekommt man ja eher Bauchschmerzen, unklarer geht es kaum noch. Da macht es doch viel mehr Spaß und ist viel schöner und einfacher, sich diese innere Stimme als kleines Fabelwesen vorzustellen. Als solches kann sie uns Glück und Erfüllung bringen.

Sie lacht uns aus, wenn wir uns zu ernst nehmen und uns über Dinge ärgern, anstatt dabei Spaß zu haben. Und wie sie toben kann! Vor allem dann, wenn wir nur die Erwartungen der anderen erfüllen und selbst dabei leer ausgehen. Sie kann uns schön in den Hintern treten. Oh, Entschuldigung, aber das passiert manchmal. Natürlich ist es nur ein gedanklicher Tritt in den Hintern, aber der kann ganz schön wehtun. Na ja, nicht so sehr wie manch anderer Gedanke. Vielleicht hast du das ja schon selbst erlebt, zum Beispiel, wenn du etwas gemacht hast, das sich von vornherein falsch angefühlt hat. Die Gedanken und die Gefühle hinterher können ganz schön schmerzhaft sein. *Die kleine wilde Frau* ist auch da, wenn wir traurig sind, wenn wir uns etwas so sehr gewünscht haben und es dann nicht geklappt hat. Sie tröstet uns und lässt uns eine Weile ausruhen. Aber sie kommt immer wieder. „Komm, steh auf. Schau: die schönen Blumen am Wegesrand. Es wird wieder gut. Komm, es wird Zeit, lass uns losgehen!"

Wie kann man da die Schönheit dieser Welt übersehen?

*Die kleine wilde Frau* ist einfach wunderbar. Wenn wir uns verirrt haben, zeigt sie uns den Weg zurück zu uns selbst, zu unseren Wünschen und Sehnsüchten. Sie sagt uns: „Achte auf dich und sei nicht so streng mit dir." Und vor allem sagt sie: „Du bist einzigartig und etwas Besonderes, nämlich das Beste, was es für dich auf dieser Welt gibt."

Wie ich der *kleinen wilden Frau* begegnet bin?

Fangen wir einfach mit einer Erzählung an: mit dem Traum eines Mädchens.

# Eine wundervolle Entdeckung (Erzählung)

Ihr Großvater war Missionar in Afrika gewesen, in Kamerun. Als sie klein war, erzählte er Geschichten von dort. Sie handelten von Schlangen und Elefanten, von Frauen in bunten Tüchern, vom Dschungel und von schwarzen lachenden Menschen. Wenn sie den Geschichten lauschte, war alles so bunt und schön und sie fühlte sich leicht wie ein Schmetterlingsflügel. Je mehr Geschichten sie von diesem Afrika hörte, desto stärker wurde der Wunsch, dorthin zu fahren.

Damals lebte sie im Nicht-genug-Land. Sie wusste, dass sie selbst nicht gut genug war. Das hatte ihr niemand gesagt, aber auch Zwischentöne schmerzen. Sie bemerkte die Zwischentöne nicht, nur die Schmerzen. Sie fühlte sich nicht hübsch, nicht klug, nicht liebenswert genug. Gegen Zwischentöne kann man als kleiner Mensch nicht kämpfen. Daher unternahm sie viele Reisen, um dem Nicht-genug-Land zu entkommen. Die Orte, die sie dabei besuchte, waren auf keiner Landkarte zu finden. Ihr Traum, irgendwann einmal nach Afrika zu reisen, blieb bestehen. Für sie war diese Reise eine Reise ins Genug-Land, ins Paradies.

Sie wurde groß und unternahm viele Reisen. Die Reisen machten sie reicher. Sie lernte Freude und Leid, Liebe und Elend in vielen Farbschattierungen kennen. Der Traum von einem bunten Leben in Afrika blieb – dem Land, in dem sie genug sein wollte. Träume, die man lange träumt, werden wahr. Als sie endlich am Flughafen stand, auf ihrem Weg nach Afrika, sagte sie: „Ihr braucht keine Angst zu haben, mir passiert nichts, denn jetzt geht mein größter Traum in Erfüllung. Ich reise ins Genug-Land!" Für sie begann ein Leben in Farbe. Sie entdeckte eine neue Welt und war glücklich. Sie liebte dieses Afrika. Es war das Land ihrer Kindheitsträume. Doch von Ferne grüßte ab und zu das Nicht-genug-Land.

Mit den Jahren merkte sie, dass ihr sogar in ihrem erträumten Paradies etwas zum vollkommenen Glück fehlte. War dieses Genug-Land vielleicht doch woanders zu finden? Sie machte sich auf die Suche. Sie reiste in dieses und jenes Land, entdeckte immer neue Farbschattierungen, lernte neue Menschen und Dinge kennen und manchmal glaubte sie, sie sei am Ende ihrer Suche angekommen. Doch da bekam sie jedes Mal eine Postkarte mit Grüßen aus dem Nicht-genug-Land. Deshalb beschloss sie mutig, mit Angst im Herzen, zurück ins Nicht-genug-Land zu reisen, um dort genug zu sein.

Sie fand dort bald eine gute Arbeit, verdiente viel Geld, mietete sich eine große helle Wohnung mit Aussicht auf den Park und sagte: „Seht her, ich habe alles getan. Jetzt ist es gut. Kommt und besucht mich." Doch die Menschen aus dem Nicht-genug-Land kamen nicht. Sie legte sich ein teures Hobby zu, kaufte schöne Kleider, bekam einen schicken Firmenwagen als Anerkennung für ihre Arbeit. „Schaut her! Bin ich jetzt genug? Ich habe doch viel erreicht! Kommt und schaut es euch an!" Es nützte nichts. Sie kamen nicht. Sie hatte versagt. Die Farben verschwanden, die Welt wurde dunkel, sie fiel in ein Loch.

Sie ging zu einem Arzt, der ihr aus dem Loch heraushelfen sollte. Der rieb sich das Kinn und schickte sie zum nächsten Arzt. Dieser brummte, kratzte sich am Kopf, probierte etwas, probierte etwas anderes und schickte sie weiter. Schließlich kam sie zu einer Ärztin, die sagte: „Das ist ganz einfach: Ihre Seele ist krank. Sie werden gesund, aber das kann dauern. Sie machen eine Kur. Das wird helfen." Die Ärztin füllte viele Formulare aus, sie unterschrieb und wartete – und wartete und wartete. Sie wollte die Ärztin fragen, wie lange sie noch warten müsse, doch die Ärztin war selbst krank geworden und das Formular unauffindbar. Sie ging zu einem anderen Arzt, denn das Leben in dem Loch war sehr düster und wurde immer beschwerlicher. „Ja, liebe Frau, ohne Formular können Sie die Kur nicht machen. Kommen Sie ein andermal und wir füllen es erneut aus und dann werden Sie warten müssen."

Als sie die Praxis verließ, hatte ein leichter Sommerregen eingesetzt. Trotzdem ging sie in den Park und setzte sich dort unglücklich auf eine nasse Bank. Das Loch war noch ein bisschen tiefer geworden. Da stellte sich jemand vor sie hin. Sie musste blinzeln, denn hinter den Regenwolken blitzte die Sonne durch. „Heul hier nicht rum! Du hast keinen Grund!" Das war *die kleine wilde Frau*. „Schau, es regnet. Na und? Die Sonne scheint doch auch und nur die Sonne und der Regen zusammen können so etwas Wunderbares zaubern." *Die kleine wilde Frau* trat beiseite und sie sah die leuchtenden Farben eines wunderschönen Regenbogens. Da musste sie lachen. War es nicht irrwitzig komisch? Sie hatte schon viele Jahre keinen Regenbogen mehr gesehen. Sie lachte und *die kleine wilde Frau* lachte auch.

„Wusstest du", fragte *die kleine wilde Frau* dann, „dass es heißt, man findet am Ende eines Regenbogens einen Schatz?" – „Du bist wunderbar." – „Du auch! Und jetzt los!" Und sie hörte auf *die kleine wilde Frau* und ging los. Sie ging heim, sie ging in ihre Wohnung und lachte und weinte. In jener Nacht fiel sie in einen tiefen Schlaf – endlich.

Am nächsten Morgen erwachte sie erholt in einer neuen Welt. Sie wollte wieder Farbe in ihr Leben bringen. Sie wollte über den Regenbogen gehen und den Schatz finden. Aus Gewohnheit fragte sie die Menschen im Nicht-genug-Land, wo sie denn die Farben finden könne, um einen Regenbogen zu bauen. Sie erhielt nur altbekannte Antworten: Die Welt sei so grau, weil sie so sei, wie sie sei; es sei ihre Schuld, weil sie nicht gut genug sei für die Farben. Sie beschloss herauszufinden, wie sie denn eigentlich sei und warum. Eine neue Reise begann. Nach und nach entdeckte sie einen Menschen, der es wert war, geliebt zu werden. Sie entdeckte auch einen Kindheitswunsch wieder: die Malerei. Das Malen wurde zu ihrer Leidenschaft und brachte ihr Erfüllung. Sie fand zwei gute Freundinnen, mit denen sie gemeinsame Zeit genießen konnte. Sie kostete vom guten bunten Leben, doch irgendwie blieb ihr die Hauptmahlzeit vorenthalten. Etwas fehlte. Noch immer hatte sie nicht alle Farben gefunden, um einen Regenbogen zu bauen. Darüber wurde sie immer unglücklicher.

Eines Abends saß sie auf dem Sofa und blickte hinaus in die schwarze Nacht. Da klopfte es ans Fenster. Verwirrt stand sie auf, wollte nachsehen, was das denn sei. Da platzte schon *die kleine wilde Frau* ins Zimmer. „Du heulst ja schon wieder rum. Und schon wieder völlig ohne Grund!" – „Ach, *kleine wilde Frau*, eigentlich bin ich glücklich, aber irgendwie auch wieder nicht. Etwas fehlt. In letzter Zeit bin ich so unzufrieden und weiß nicht warum." – „Ist doch klar, dass du unzufrieden bist." – „Wieso ist das klar?" – „Na, immer machst du, was andere wollen, und das stimmt oft nicht mit dem überein, was du willst. Also bist du eben unglücklich." So sollte das also sein? *Die kleine wilde Frau* wollte schon wieder weggehen, da rief sie: „Warte bitte, was soll ich denn jetzt tun?" – „Frag dich doch einfach mal selbst: ‚Will ich das?'"

Am nächsten Morgen hatte sie einen wichtigen Termin, bei dem dies und das besprochen werden sollte. Sie hatte sich fest vorgenommen, den Ratschlag der *kleinen wilden Frau* zu befolgen – probeweise. Vielleicht war das ja der Grund für ihre Unzufriedenheit. „Will ich das? Will ich das wirklich?" Sie schrieb die Frage auf ihre Handfläche und immer, wenn sie bei einem Gespräch unsicher wurde, schaute sie den Satz an – und wirklich, es funktionierte! Nach dem Gespräch war sie zufrieden. Sie beschloss, jetzt richtig loszulegen. Es gab viele Bereiche in ihrem Leben, die man mit der Frage „Will ich das?" schöner machen konnte.

*Die kleine wilde Frau* war auch zufrieden mit ihr. An einem Sommerabend kam sie wieder zu Besuch, unangemeldet, wie meistens. „Ach, hallo, *kleine wilde Frau*!" – „Hallo! Komm mal her, ich will dir etwas zeigen." – „Etwas zeigen?" – „Ja, komm hier ans Fenster!" – „Oh, *kleine wilde Frau*! Wie schön: ein Regenbogen!" – „Ja, ein Regenbogen, und es ist ein ganz besonderer Regenbogen. Schau mal genau hin!" Sie bemühte sich, genau hinzuschauen, und da sah sie plötzlich die Farbe ihrer Freundschaft, die Farbe ihrer Fröhlichkeit, die Farbe ihrer Melancholie, die Farbe ihrer Wut, die Farbe ihrer Liebe, die Farbe ihrer Zweifel, die Farbe ihres Vertrauens, und sie erkannte ihren Regenbogen. „Na los, geh schon!", *die kleine wilde Frau* grinste. Sie nickte und sie ging, sie ging über den Regenbogen und sie fand am Ende des Regenbogens einen Schatz, sie fand sich selbst.

# Die Entstehung der KWiF-Methode

## Das Symbol

Diese Erzählung ist meine Geschichte oder besser gesagt, ein Teil meiner Geschichte. *Die kleine wilde Frau* war meine innere Stimme, die ich nach langer Zeit wieder vernahm. Sie war es, die mich weinen ließ, weil ich mich fragte, warum ich alles so lange mitgemacht hatte. Und sie war es, die mich vor Freude tanzen ließ, als ich mich selbst entdeckte. Erst später, als ich schon meinen Weg ging, gab ich dieser inneren Stimme ein Bild. Damals fiel mir die Skizze einer kleinen Figur in die Hand. Ich hatte sie irgendwann gezeichnet und dann beiseitegelegt. Als ich sie nun sah, kam mir die Idee, diese Figur zum Symbol für meine innere Stimme zu machen. Also kopierte ich sie und hängte dieses Bild an unterschiedlichen Stellen auf. Sie sollte mich mit der Frage „Will ich das?" daran erinnern, auch weiterhin auf mein Inneres zu hören. Das funktionierte sehr gut! Dann kam mir die Idee, eine große Figur aus Pappmaché zu machen. Damals lernte ich meinen Lebensgefährten kennen. Ich erzählte ihm davon und ein paar Tage später brachte er mir Hasendrahtgitter. Ich legte los und bald saß bei mir eine große *kleine wilde Frau* in meinem Atelier.

Als nun Besucher kamen, wollten sie wissen, was das denn sei. Ich erzählte die Geschichte und stellte fest, dass ich kein Einzelfall war. Frauen ebenso wie auch Männer verstanden mich und erzählten, es gehe ihnen im Alltag oft auch so, dass sie vergäßen, auf ihre Bedürfnisse zu hören. So entstand bei mir der Gedanke, *kleine wilde Frau*en auch für andere anfertigen zu lassen. Was dann folgte, war seeehr viel Arbeit. Als dann die ersten Figuren fertig waren, war ich überglücklich, denn endlich war meine Verstärkung eingetroffen. Es waren Textil-Skulpturen und Latex-Figuren.

Ich setzte eine Leoparden-Frau auf mein Sofa und schnappte mir eine grüne Latex-Figur – und los ging's ins gute Leben.

Und wie es losging! Nur etwas anders, als ich erwartet hatte. Während die Bilder der *kleinen wilden Frau* nur bei mir im Atelier und in der Wohnung hingen, war diese Figur nun überall mit dabei. Immer wenn ich nicht auf meine Wünsche und Bedürfnisse hörte, tauchte die Frage auf: „Will ich das?" Es war fast zum Verrücktwerden. Es gab noch so viele Bereiche, in denen ich wie auf Autopilot gestellt reagierte. Noch immer war ich darauf bedacht, den Wünschen der anderen Folge zu leisten. Ob im Straßenverkehr, beim Bäcker, in der Beziehung oder beim Kleiderkauf – ständig wurden meine Grenzen überschritten oder ich überschritt sie selbst. Ich sagte nichts, wenn sich einer vordrängelte, oder fragte mich, was ich getan hatte, wenn mir gegenüber jemand unhöflich war. Sobald ich nur einmal dachte: „Ach, nicht so schlimm", war es, als ob meine *kleine wilde Frau* rumhüpfte wie Rumpelstilzchen. Erst wenn ich meine Wünsche und Bedürfnisse ernst nahm, wenn ich selbst bestimmte, wie ich handeln wollte, und mich nicht von anderen fremdbestimmen ließ, gab meine *kleine wilde Frau* Ruhe.

> *Nur im Bewusstsein, dass ich Grenzen habe, kann ich diese erkennen und einhalten und dies auch bei anderen tun.*
> *Denn wie soll ich meine Grenzen einhalten, wenn ich sie gar nicht kenne?*
> *Wie soll ich einen anderen Menschen lieben können, wie ihm meine Wünsche und Bedürfnisse mitteilen, wenn ich sie selbst nicht kenne?*

## Universelle Motive

Vor ein paar Jahren begann ich damit, universelle Motive zu malen. Es fing mit einem Friede-Freude-Eierkuchen-Motiv an. Warum das damals gerade mein Thema war, weiß ich nicht. Wie das in vielen Bereichen ist, so ist das auch bei der Malerei. Nicht immer sind bewusste Entscheidungen notwendig. Manchmal male ich etwas, ohne zu wissen, warum. Das meiste ergibt sich im Tun und so reicht es mir, wenn es sich gut und richtig anfühlt. Beim Malen selbst ist es dann so, dass ein Teil bewusst geschieht, ein anderer Teil eines Bildes malt sich sozusagen selbst. Das bedeutet: Ich weiß hinterher nicht genau, warum ich welche Linie so gemalt habe oder warum es genau diese Farbe sein musste. Sicherlich habe ich gelernt, wie Farben und Formen miteinander wirken können, aber es gibt eben sehr viele Farben und sehr viele Formen; abgesehen davon, stimmt nicht immer alles, was irgendwann mal irgendwer festgelegt hat.

Zurück zum Friede-Freude-Eierkuchen-Motiv. Es ist eines meiner Lieblingsmotive geworden und steht für „Liebe“. Diesem Symbol sind weitere gefolgt: Zeit, Vertrauen, Geduld, Mut und noch mehr. Diese Symbole habe ich bei mir zu Hause aufgehängt, damit sie mich je nach Situation daran erinnern, mir mehr Zeit zu geben oder auch, mich zu beeilen, mal mehr zu vertrauen oder bei einer Person mit dem Vertrauen lieber vorsichtiger zu sein.

Dieses bewusste Leben, das ich durch *die kleine wilde Frau* begonnen hatte, wollte ich auf diese Weise intensivieren. Ich wollte es vertiefen, damit es in alle meine Lebensbereiche eindringen konnte. Denn dieses Bewusstsein hatte mein Leben sehr verbessert – im beruflichen und im privaten Bereich. Auf keinen Fall wollte ich wieder meinen alten Gewohnheiten verfallen. Außerdem merkte ich, dass es noch Bedarf bei mir gab, dass ich noch wesentlicher werden konnte und wollte.

Nur funktionierte es mit diesen Symbolen nicht wirklich. Sie waren schön anzusehen und ich freute mich immer, wenn ich morgens beim Frühstück auf den Kühlschrank blickte, wo sie hingen, doch ansonsten tat sich nichts. Irgendwann machte ich dann einfach das Gleiche wie bei der *kleinen wilden Frau*. Ich markierte das Symbol für „Zeit“ gedanklich mit der Frage: „Will ich mir Zeit nehmen?“ Bei mir war gerade das Thema „Zeit“ aktuell. Vor lauter Alles-gleichzeitig-haben-Wollen blieb mir keine Zeit für die wirklich wichtigen Dinge. Das wollte ich ändern. Ich hängte Bilder mit dem markierten Symbol an verschiedenen Stellen auf, klebte es auf mein Notizbuch und lud es mir als Cover-Bild auf mein Smartphone. Es wirkte. Mit der Zeit wurde ich gelassener. Ich hörte auf, Bedingungen zu stellen, und machte weiter damit, die Symbole zu markieren und aufzuhängen.

Auf diese Weise konnte ich ungute Gefühle, die aufkamen, gleich identifizieren und zuordnen. Die ganzen Aktionen, die ich früher veranstaltet hatte, entfielen nach und nach: Frustessen, übertriebene sportliche Aktivitäten, falsche Freunde.

Als Erwachsene hatte ich die Möglichkeit, aus diesem Teufelskreis auszusteigen. Diese Möglichkeit erkannte ich nun. Vor allem das Symbol „Liebe" bewirkte bei mir sehr viel. Ich hatte es mit der Frage: „Will ich lieben?" markiert. Diese Frage beantwortete ich nun mit „Ja" und auf diese Antwort folgte eine weitere Frage: „Wovon will ich mich leiten lassen? Von Angst oder von Liebe?"

Dann ging bei mir eine Lawine los, denn diese Folgefrage machte mir bewusst, dass ich manchmal aus Angst handelte, wenn ich mich nicht traute, etwas anzusprechen, oder aus Gier, wenn ich zu ungeduldig war.

## Die Motive in den Alltag integrieren

Alle paar Wochen wechsle ich die Motive aus. Mal hängen Bilder mit dem Motiv „Vertrauen" an verschiedenen Stellen und ich lade es mir auf das Smartphone, mal ist es „Zeit" oder ein anderes Motiv. *Die kleine wilde Frau* ist meine ständige Begleiterin. Ab und zu hänge ich sie um, von einer Tasche an die andere. Ich habe gemerkt, dass ihre Wirkung nachlässt, wenn sie zu lange an der gleichen Stelle hängt.

Ich bin Mutter und Lebensgefährtin, Berufstätige und Freundin und noch vieles mehr. Ich begegne vielen Menschen, die – genauso wie ich – bei jeder Begegnung vorher eine andere Begegnung hatten und manchmal kommt es dabei zu Missverständnissen.

Dann ist es das Fairste zu fragen, wie man sich einem anderen Menschen gegenüber verhalten kann. Denn nicht zu fragen führt zu Unwissenheit und Unwissenheit kann zu Verurteilung führen. Verurteilung ist keine Liebe.

Meine Gefühle und Empfindungen sind mein Gradmesser. Kommt ein ungutes Gefühl in mir auf, hinterfrage ich zunächst mich selbst. Manchmal hat das Verhalten einer Person gar nichts mit mir zu tun. Das merke ich dann und damit ist das abgehakt. Falls es etwas ist, das mit mir zu tun hat, frage ich bei meinem Gegenüber nach. Das kann dann unterschiedlich aussehen. Manchmal ist dieses Hinterfragen eine humorvolle Erwiderung. Meistens lassen sich die betreffenden Angelegenheiten dann klären. Nur selten will jemand keine Klärung haben. Dann belasse ich es dabei, denn wenn jemand keine Klärung möchte, kann ich das nicht ändern. Dann ist das Beste, was ich machen kann, Abstand zu halten.

Mittlerweile läuft dieser Prozess bei mir automatisch ab. Das bedeutet, ich denke nicht aktiv daran, dass ich dann und dann etwas hinterfragen sollte. Ich tu's einfach. Wenn ich bewusst auf ein Motiv blicke, zum Beispiel auf meinem Smartphone, dann ist das eher wie ein kleines „Pling", so als ob mein Herz einen kleinen Sprung macht, eine kleine Freude, so ein fröhliches Glucksen.

*Die kleine wilde Frau* ist nun Teil meines Lebens. Die Symbole sind zu Wegweisern auf meinem Lebensweg geworden. All das hat mein Leben sehr bereichert.

# Die KWiF-Methode

*Gedanken wahrnehmen*
*Gefühle ernst nehmen*
*Hinter Worte spüren*

**Glaubenssätze umdenken**

*Alternativen erkennen*
*Gewohnheiten ändern*
*Lebensfreude gewinnen*
*Lieben*

# Flucht oder Kampf?

Manchmal erscheint das Verhalten einer anderen Person wie der Angriff eines Säbelzahntigers. Auch wenn es im Alltag meistens nicht ums Überleben geht, verhalten wir uns ab und zu noch wie unsere Vorfahren: Wir reagieren mit Flucht oder Kampf.

*Flucht:* Blieb unseren Vorfahren nur noch die Flucht, scannten sie innerhalb kürzester Zeit ihre Umgebung mit den Augen, um einen Ausweg zu finden – einen sicheren Ort, an den das gefährliche Tier ihnen nicht folgen konnte.

Unser heutiges Fluchtverhalten in Konfliktsituationen sieht anders aus. Anstatt uns selbst oder eine andere Person zu fragen, um was es eigentlich geht, flüchten wir uns ins Schweigen. Wir flüchten an keinen sicheren Ort, sondern in die Ungewissheit. Auf einen Konflikt – ob ein innerer in uns oder ein Konflikt mit einer anderen Person – mit Schweigen zu reagieren führt zu keiner guten Lösung. Das, was belastet, bleibt bestehen. Es beschäftigt uns weiterhin. Wir sitzen in einer Gedankenfalle und fragen uns, warum der andere sich so verhalten hat und was wir falsch gemacht haben. Die Sehnsucht nach Klärung bleibt und kann manchmal nur durch einen Ersatz gestillt werden; dieser Ersatz ist dann bisweilen fatal, wenn diese Sehnsucht zu einer anderen Sucht führt.

*Kampf*: Hin und wieder taucht der Wunsch auf, einem anderen an die Gurgel zu gehen oder ihn in der Luft zu zerreißen. Dann sind wir im Kampfmodus. Wut und Ärger haben durchaus ihre Berechtigung. Wenn einer sich nicht an eine getroffene Vereinbarung hält oder wissentlich etwas gegen unseren Willen tut, kann einen das schon auf die

Palme bringen. In solch einer Situation zeigen Ärger oder auch Wut ganz deutlich, dass ein anderer unsere Grenze überschritten und uns verletzt hat und dass wir es ernst meinen. Dann ist Ärger als Erstreaktion ein guter Einstieg, um zu zeigen, dass wir erst Ruhe geben, wenn die Angelegenheit geklärt ist. Bleibt die Klärung aus, wird es eng im Kopf. Es bleiben zu viele unbeantwortete Fragen bestehen. Wut und Ärger verfliegen nicht einfach so. Wenn es in uns brodelt, haben sich Gefühle angestaut und diese finden ihren Weg.

## Ein neuer Weg über die Bilder der KWiF-Methode

Fühlen wir uns angegriffen, dann brauchen wir einen anderen Ausweg. Wir brauchen Gewissheit – Gewissheit darüber, was hinter dem Verhalten einer anderen Person steckt und was diese damit erreichen will. Beim Angriff in früheren Zeiten hegte das Raubtier keinen persönlichen Groll gegen sein Opfer. Es ging ihm darum, ein persönliches Bedürfnis zu erfüllen: den Hunger.

Auch heute geht es bei unseren Handlungen darum, persönliche Bedürfnisse zu erfüllen. Im Alltag will uns niemand fressen. Wenn jemand knurrt, hat das eine andere Bedeutung. Was es damit auf sich hat, können wir nur erfahren, wenn wir es hinterfragen. Das ist der Weg in die Gewissheit, ins Vertrauen, in die Liebe.

Die KWiF-Methode basiert auf Bildern, die uns diesen Weg zeigen. Unbewusste Verhaltensmuster können mit dieser Methode bewusst gemacht und dadurch verändert werden. Das zentrale Thema ist Selbstbestimmung.

**Hierbei spielen *Instinkt* und *Wahrnehmung* eine wichtige Rolle:**

- Instinktiv schaute sie sich um
- Automatisch wanderten seine Gedanken zu ...
- Instinktiv fiel ihr Blick auf die Tür
- Automatisch griff er nach ...
- Instinktiv suchten ihre Augen nach einem Fluchtweg

Sind wir auf einer Wanderung unsicher, welchen Weg wir nehmen sollen, halten wir nach einem Wegweiser Ausschau. Automatisch setzen sich dabei unsere Augen in Bewegung. Sie sind das Sinnesorgan, das wir als Erstes benutzen, wenn wir auf die Suche gehen. Mit Hilfe unseres Sehsinns funktionieren komplexe Systeme, wie zum Beispiel die Regelung des Straßenverkehrs. Oder andersherum ausgedrückt, eine Verkehrsregelung, die auf dem Gehör-, Geruchs-, Tast- oder Geschmackssinn basieren würde, wäre schwer vorstellbar. Regulierende Verkehrsschilder könnten wohl kaum durch Töne, Gerüche oder Gegenstände ersetzt werden. Unser Sehsinn steht an erster Stelle, wenn es um die eindeutige Identifizierung einer Situation geht. Auch wenn wir ein ungewöhnliches Geräusch hören, bewegen wir uns reflexartig, um mit den Augen zu erfassen, was es damit auf sich hat. Selbst wenn wir einen Gegenstand in der Dunkelheit suchen, besteht unser erster Versuch zur Klärung immer darin, etwas mit dem Auge zu erkennen.

Auch unser Vorfahr, der flüchtende Höhlenmensch, handelte automatisch.

Er folgte seinem Instinkt. Anstatt bei den bunten Blumen am Wegesrand zu verweilen, suchten seine Augen, ohne bewusstes Nachdenken, nach einem sicheren Ort.

Ohne zu überlegen, preschte er los, um nicht als Hauptgericht eines hungrigen Säbelzahntigers zu enden. Er handelte zielgerichtet und instinktiv. Er trennte Wichtiges von Unwichtigem und hatte nur die Sicherheit im Fokus.

Bei der *Fokussierung* als Teil der KWiF-Methode geht es darum, unserer inneren Stimme in einer unklaren Situation Gehör zu schenken. Darauf liegt unser Fokus, der durch Bilder veranschaulicht wird.

> Wir haben diese Bilder im Kopf, wenn wir an bestimmte Ereignisse, Situationen oder Menschen denken. Bilder erzählen Geschichten und wecken Gefühle. Bilder sagen mehr als tausend Worte. Wir träumen und denken in Bildern, und auch in der Sprache benutzen wir Bilder zum besseren Verständnis. Bilder prägen sich schneller ein, sind emotionaler und ziehen mehr Aufmerksamkeit auf sich als Worte. Geschriebene Wörter sind Bilder, die aus Bildbuchstaben bestehen. Für unser Auge sind Lebewesen, Pflanzen, Gebäude und Gegenstände dreidimensionale Bilder. Wir sehen die Welt in Bildern.

Universelle Begriffe, wie *die innere Stimme, Vertrauen* oder *Zeit* werden bei der KWiF-Methode in Form von Bildern dargestellt. Jedes KWiF-Bild hat eine eindeutige Bedeutung. Dadurch wird es zum *Symbol*. Es folgen einige Beispiele dafür.

*Die kleine wilde Frau*
= Symbol für die innere Stimme
Schlüsselsatz: „Will ich das?"
Wesentliche Erkennungsmerkmale: Ihre Kopfbedeckung – eine Art Haargeweih – und ihre übergroßen Hände und Füße.

Vertrauen

= Symbol für Vertrauen
Schlüsselsatz: „Will ich vertrauen?"

Die illustrierten Motive bestehen vor allem aus fröhlichen Farben. In der Mitte gibt es ein Hauptsymbol, das von unterschiedlichen kleineren Symbolen umrahmt wird. Diese Kombination macht neugierig und lädt ein, genauer hinzuschauen.

Je ungewöhnlicher oder auffälliger ein Bild ist und je intensiver wir uns damit befassen, desto stärker ist der Erinnerungseffekt.

*Symbole* begleiten uns im Alltag und begegnen uns an vielen Orten. Manche Symbole wie Automarken oder Firmenlogos sind vor allem Erkennungszeichen. Andere Symbole beinhalten Handlungsaufforderungen. Beispielsweise sorgen Verkehrsschilder dafür, dass auf den Straßen kein Chaos ausbricht. Ihre eindeutigen Verhaltensregeln zeigen uns, wie wir uns im Verkehr zu benehmen haben, damit sich alle möglichst sicher bewegen können. Mit Symbolen können komplexe Sachverhalte einfach dargestellt werden.

Auch unsere Vorfahren benutzten Symbole, wie Höhlenmalereien bezeugen. Vielleicht wollten die Felsmaler mit ihren Zeichnungen ihre Träume und Wünsche darstellen. Vielleicht dekorierten sie die Wände damit oder auch sie haben mit ihren Symbolen eine Handlungsaufforderung verbunden. Möglicherweise wollten sie ihre Zeitgenossen vor dem Säbelzahntiger warnen, der sich in der Nähe der Höhle herumtrieb. Vielleicht stammen die Felsmalereien von Kindern, Frauen oder Männern oder von allen gemeinsam. Wir wissen es nicht, wir können nur spekulieren. Wir müssen uns mit dieser Unklarheit abfinden, denn es gibt niemanden, den wir *fragen* können.

## Die KWiF-Fragen

Allgemein dienen KWiF-Fragen unserer Sensibilisierung. Sie sind ein Weg zum Wissen, in die Gewissheit, und stellen eine Möglichkeit dar, eine Klärung zu finden.

Bei der KWiF-Methode können wir fragen und Klarheit schaffen. Wir können einer Sache auf den Grund gehen. Eine „Will ich"-Frage geht auf zwei Bereiche ein: auf das Herz und auf die Vernunft. Kommt ein ungutes Gefühl in uns auf, führt eine „Will ich"-Frage zu einer bewussten Auseinandersetzung.

*Die kleine wilde Frau* steht in Verbindung mit der Frage: *„Will ich das?"* Das Motiv der kleinen wilden Frau ist das Grundmotiv der KWiF-Methode. Die Frage „Will ich das?" ist eine generelle Aufforderung, unserer inneren Stimme Gehör zu schenken.

Die verschiedenen Bildmotive für *Vertrauen, Zeit, Freude, Erfüllung* ... gehen auf bestimmte Themen ein, die unterschiedlich angewendet werden können.

*Bei Vertrauen* stellt sich die Frage: „Will ich mir vertrauen?" Hier kann es um das Ausloten einer bestimmten Sache gehen. Bin ich dieser Sache gewachsen, lohnt es sich, dafür meine Zeit und Energie einzubringen? Oder stelle ich bei genauerer Betrachtung fest, dass ich lieber die Finger davon lassen sollte, weil gewisse Voraussetzungen für das Gelingen dieser Sache fehlen, und sage ich deshalb eine bestimmte Angelegenheit lieber ab?

Bei der Frage: *„Will ich einer anderen Person vertrauen?"* geht es darum, ob sich die Wünsche und Bedürfnisse der betreffenden Person mit meinen eigenen decken oder ob vielleicht jemand versucht, mich zu etwas zu überreden, was ich bei genauerer Betrachtung gar nicht möchte. Auch hier kann ich durch Hinterfragen sowohl von mir als auch der anderen Person herausfinden, um was es geht.

Bei der allgemein gehaltenen Frage *„Will ich vertrauen?"* geht es um *Grundvertrauen,* also darum, eine Situation anzunehmen und zu akzeptieren. Es gibt Situationen, die wir nicht ändern können. Bestimmte äußere und innere Zustände sind vorgegeben. Daran zu zweifeln oder damit zu hadern verändert nichts daran. Durch die bewusste Auseinandersetzung können wir eine Sache ruhen lassen und uns neuen Dingen zuwenden, also solchen, bei denen wir etwas verändern, und Situationen, in denen wir handeln können.

Manchmal fällt uns ein Verzicht, eine Ablehnung, ein Annehmen und Akzeptieren schwer. Die zweite KWiF-Frage verdeutlicht uns eine im Hintergrund wirksame Motivation.

Mit Hilfe der Frage: *„Wovon lasse ich mich leiten?"* können wir erkennen, ob wir zum Beispiel aus Gier oder Angst heraus handeln. Durch die Auseinandersetzung mit dieser Frage können wir auch die Konsequenzen unseres Handelns erkennen. So geht es bei einem Verzicht nicht darum, am Ende weniger, sondern für eine bessere Sache mehr Zeit und Energie zu haben. Bei einer Ablehnung bezieht sich diese nicht auf das ganzheitliche Wesen eines anderen Menschen, sondern um ein bestimmtes Zusammentreffen, das für beide zu nichts Gutem führen würde. Durch eine solche Ablehnung haben beide die Chance, einen besseren Partner in einer bestimmten Sache zu finden. Auch das Akzeptieren einer Situation kann zu einer neuen Entdeckung führen.

Beide Fragen sind tiefgreifend. Wir werden mit einer Entscheidung konfrontiert – handeln wir für oder gegen uns? „Ist im Zusammenhang mit einer anderen Person unser Handeln automatisch auch für diese Person gut, wenn wir für uns handeln, und automatisch schlecht, wenn wir gegen uns handeln?“

Verletzen wir einen anderen Menschen, verletzen wir auch uns selbst. Lieben wir einen anderen Menschen, lieben wir auch uns selbst. Das ist ein universelles Gesetz. Wir sind alle miteinander verbunden und alles, was wir aussenden, kommt zu uns zurück.

## Die KWiF-Markierung

Die KWiF-Symbole werden mit den KWiF-Fragen markiert.

Lesen wir einen Text, in dem wir für uns selbst wichtige Stellen hervorheben möchten, markieren wir diese mit einem Textmarker. Bei der KWiF-Methode markieren wir das Symbol gedanklich mit zwei Fragen:

- *„Will ich … ?“*
- *„Wovon lasse ich mich leiten?“*

Auf diese Weise wird das Symbol mit den beiden Fragen verknüpft. Ähnlich wie bei einem Verkehrszeichen ist uns sofort klar, was das Symbol bedeutet und welche Handlungsaufforderung es enthält.

Durch die Auseinandersetzung mit den Fragen und die Markierung des Bildes sind wir sensibilisiert. Wir können ein ungutes Bauchgefühl nun deutlicher wahrnehmen und darauf reagieren. Fällt unser Blick auf ein KWiF-Motiv, wissen wir automatisch, was dieses bedeutet und welchen Handlungsauftrag es enthält. Somit weist uns dieses Bild in einer unklaren Situation den Weg.

*Durch die Verbindung von Symbol und der Markierung mit den beiden Fragen entsteht ein Wegweiser zur Klarheit.*

Wir handeln instinktiv, wenn unser Blick hilfesuchend umherwandert. Ist der Auslöser dafür ein ungutes Bauchgefühl, das eine mögliche Gefahr signalisiert, nehmen wir dieses nun deutlich wahr. Fällt unser Blick dann auf ein KWiF-Symbol, zeigt uns dieses, wo wir hinwollen, und die Markierung mit den KWiF-Fragen, wie wir dahin kommen. Dieser Prozess läuft innerhalb weniger Sekunden automatisch ab. Haben wir das Motiv vorher bewusst angeschaut und mit der Frage markiert, weiß auch unser Unterbewusstsein Bescheid, um was es geht.

Wenn Bauch und Kopf zusammenarbeiten, ist unsere Seele im Einklang. Wir befinden uns in einem Zustand der Klarheit. Aus dieser Klarheit heraus können wir bessere Entscheidungen treffen. Auch schwierige Situationen oder Lebenskrisen können wir aus einer Klarheit heraus besser bewältigen.

## Die Umsetzung und Wirkung der KWiF-Methode in der Praxis

Die praktische Umsetzung erfolgt in drei Schritten:

1. Das ausgewählte KWiF-Motiv bewusst betrachten
2. Das Symbol gedanklich mit den beiden KWiF-Fragen markieren
3. Das Bild oder mehrere Bilder zu einem bestimmten Thema aufhängen

Wir nehmen als Beispiel wieder das Thema „Vertrauen". Die Bilder werden an Orten verteilt, an denen wir uns häufig aufhalten. Gute Plätze sind etwa der Spiegel im Badezimmer, die Kühlschranktür, der Bildschirm des Computers, das Telefon oder die Wand am Arbeitsplatz. So kommen die Bilder in unser Blickfeld. Unbewusst oder bewusst nehmen wir das Symbol und dessen Markierung wahr.

- Die Motive austauschen: Anstelle von Vertrauen wählen wir ein anderes Motiv aus. Alle vier bis acht Wochen sollte das Motiv ausgewechselt werden, damit es unsere Aufmerksamkeit auf sich zieht und nicht zur Gewohnheit wird.
- Den Ort, an dem die Motive aufgehängt werden, wechseln: Auch hier kann die Gewohnheit die Wirkung einschränken. Deshalb die Motive zum Beispiel am Badezimmerspiegel mal links unten oder rechts oben aufhängen.

Unliebsame Verhaltensmuster, nach denen wir bisher automatisch gehandelt haben, können wir durch diese Methode in einer Situation aufspüren. Durch das bewusste oder auch unbewusste Wahrnehmen des KWiF-Bildes und seiner Markierung sind wir sensibilisiert. Anstatt ein ungutes Gefühl zu ignorieren, taucht die „Will ich"-Frage vor unserem inneren Auge auf. Anstatt wie bisher sofort zu handeln, kommt es zu einer Verzögerung. Eine Art inneres Zwiegespräch findet statt, in dem wir für uns klären können, wie wir weiter vorgehen möchten. An die Stelle der Gewohnheit tritt nun eine Bewusstheit. Je häufiger wir diese Methode anwenden, desto einfacher wird sie für uns. Gedanken, die sich erst in unserem Kopf abspielen, gehen dann in Fleisch und Blut über, bis wir sie verinnerlicht haben. Damit haben wir ein neues Muster angelegt. Mit KWiF können wir unsere innere Haltung verändern und damit eine positive Einstellung zum Leben und zu uns selbst gewinnen.

Für die Anwendung in der Praxis wählen wir bewusst ein scheinbar banales Beispiel:

***Die Situation:***

Ich komme von der Arbeit nach Hause. Bei mir sieht es aus wie auf einem Schlachtfeld.

Eigentlich würde ich jetzt lieber an den See fahren und die Sonne genießen, nur – von alleine erledigt sich der Haushalt nicht.

Meine Gedanken laufen etwa so ab: „So ein Mist, immer kommt etwas dazwischen, nie habe ich Zeit."

Wenn ich jetzt an den See fahre, habe ich ein schlechtes Gewissen; bleibe ich zu Hause und putze, denke ich an die verpasste Zeit am See und bin auch unzufrieden.

Ich ärgere mich, bin gestresst und fühle mich nicht gut. Dieses Beispiel ist nur scheinbar banal. Denn wo fängt eine Grenzüberschreitung an und wo hört sie auf? Wenn ich es nicht schaffe, liebevoll mit mir umzugehen, wie soll ich es dann im Umgang mit anderen Menschen schaffen?

Jede Veränderung fängt zunächst bei mir selbst an, im kleinen Bereich. Aus diesen kleinen Bereichen können große Veränderungen entstehen.

***Die Situation mit KWiF:***

**Ich handle nicht sofort, sondern hinterfrage zunächst.**

„Will ich mir Zeit nehmen für den Haushalt?" und „Will ich mir Zeit nehmen für mich, indem ich an den See fahre?"
**Ich entscheide mich bewusst für ein „Ich will ..." und lass mir nicht von einem „Man müsste ..." den Nachmittag verderben.**

Es gibt keine perfekte Lösung. Ich kann mich aber bewusst für das entscheiden, was in der jeweiligen Situation am besten zu meinen Bedürfnissen passt.

Selbst mit der Lösung, nicht an den See zu fahren und die Wohnung aufzuräumen, bin ich zufrieden, weil ich für mich unter den gegebenen Umständen die bestmögliche Lösung gefunden habe.

Eine „Will ich?"-Frage geht auf zwei Bereiche ein: auf das Herz und auf die Vernunft.

Hier kommt die uns schon bekannte Frage *„Wovon lasse ich mich leiten?"* ins Spiel.

Im Umgang mit anderen Menschen vermeiden wir manchmal Auseinandersetzungen, aus Angst vor möglichen Reaktionen des anderen oder, weil wir einen anderen nicht kränken wollen. Angst lässt uns meistens jedoch unbedacht handeln.

Lasse ich mich von Angst leiten oder von meinem Herzen? Je nachdem, wovon ich mich leiten lasse, komme ich meistens genau dort an:

- Die Angst – ich erreiche das, was ich befürchtet habe.
- Mein Herz – ich erreiche das, was ich mir gewünscht habe.

Die Frage „Wovon lasse ich mich leiten?" kann so zu einer Überwindung der Angst führen. Nur durch Überwindung der Angst kann das Verständnis füreinander wachsen.

Hier ein Beispiel dafür:

Mir ist eine harmonische Zusammenarbeit mit meiner Kollegin wichtig. Sie mischt sich aber häufig in meine Arbeit ein. Diese Einmischung empfinde ich als Grenzüberschreitung. Entscheide ich mich dafür, nichts zu sagen, weil ich mich vor der Reaktion meiner Kollegin fürchte, kann das zur Folge haben, dass ich frustriert bin und an meiner Arbeit keine Freude mehr habe. Entscheide ich mich dafür, dieses Thema anzusprechen, indem ich der Kollegin meine Sichtweise erkläre, kann ich mögliche Gründe für ihr Verhalten erfahren. Ich kann sie dadurch vielleicht besser verstehen. Indem ich ihr meine Sicht der Situation schildere, kann sie mich besser verstehen. Wenn wir beide ein gemeinsames Ziel haben – nämlich eine harmonische Zusammenarbeit –, dann können wir auf diese Weise eine gemeinsame Lösung finden.

Beide Fragen führen zum Wesentlichen. Wenn wir die Frage nach dem Wesentlichen stellen, unterteilen wir meistens in verschiedene Bereiche: zunächst in Privatleben und Beruf und dann weiter, in die jeweiligen Unterbereiche unseres privaten und beruflichen Daseins. Wenn wir uns daran orientieren, was für uns in einer Situation wesentlich ist, dann verhalten wir uns so, dass wir zufrieden sind – in Frieden mit uns und unserer Umgebung.

Gefühle und Empfindungen spiegeln sich in unseren Gedanken wider. Wenn wir unsere Gedanken wahrnehmen und hinterfragen, können wir sie verändern. Dann haben wir die Möglichkeit, anders zu handeln als bisher.

Die beiden Beispiele zeigen, dass die bewusste Auseinandersetzung in der Situation den Unterschied macht. Denn es sind nicht Situationen, die uns gelassen bleiben lassen oder die uns stressen. Es ist unsere innere Einstellung, die bestimmt, wie wir etwas empfinden. Auch bei Worten kommt es nicht nur darauf an, wie oder was jemand sagt, sondern vor allem darauf, wie wir das Gesagte aufnehmen.

Die eigenen *unguten* Gefühle und Empfindungen sind wahrzunehmen, ernst zu nehmen und zu hinterfragen. Genau darum geht es bei der KWiF-Methode. Der Grund für das Hinterfragen ist der Wunsch, verstehen zu wollen. Für uns allein lautet die Frage: welcher Wunsch steckt hinter meinem Gefühl? Im Zusammensein mit anderen Menschen hinterfragen wir: was will mir dieser Mensch mit seiner Aussage mitteilen und will ich das auch? Dadurch haben wir die Möglichkeit, Dinge differenziert und sachlich zu betrachten und zu sehen, dass wir selbst entscheiden können. In diesem Zusammenhang hat jeder Mensch das Recht auf Selbstbestimmung. Jeder für sich bestimmt jeden Tag und jeden Moment, wie er sein und wie er die Welt sehen möchte.

Darum ist KWiF eine selbstbestimmte Methode. Denn Mut und Vertrauen, Freude und Glück sind Einstellungssache. Nur wir selbst können bestimmen, welche Einstellung wir zu etwas haben, und um dies bestimmen zu können, ist es wichtig zu erkennen, dass wir eine Wahl haben.

*Selbstbestimmung*

Nach der Geburt sind wir zunächst auf fremde Hilfe angewiesen.
Es ist lebensnotwendig, dass sich Erwachsene um uns kümmern.
In diesen frühen Lebensjahren können wir weder etwas verändern noch werden wir für unser Verhalten zur Rechenschaft gezogen.
Mit der Zeit verändert sich das. Wir werden älter und verstehen mehr von unserer Umwelt. Unsere Fähigkeit, unser Leben selbst zu bestimmen, wächst. Wir können mitentscheiden und unser Leben mitgestalten und dabei erleben, wie unser Handeln Konsequenzen hat.

| | | |
|---|---|---|
| Fremdbestimmung: Ein anderer bestimmt über mein Leben | → | Selbstbestimmung: Ich bestimme über mein Leben |

Sind wir dann Erwachsene, liegt es an uns, was wir mit unserem Leben machen. Wir sind für uns selbst verantwortlich und können nun bestimmen, wie wir unser Leben führen möchten.

# Leben mit KWiF

Wir alle sind „normale“ Menschen mit Wünschen und Sehnsüchten, den täglichen Freuden und Tragödien, die dieses Leben mit sich bringt. Täglich begegnen wir Menschen und Situationen. Dabei gibt es besondere Begegnungen, bei denen wir Menschen treffen und im Gespräch merken, dass da ein anderer ist, den das Gleiche beschäftigt wie uns: ein Mensch, der Gefühle und Empfindungen hat wie wir auch. So kommt es zu einer Begegnung, bei der wir einen anderen Menschen und uns selbst annehmen können, denn in diesem anderen Menschen können wir uns selbst erkennen. Wenn wir solche Begegnungen erleben, ist das etwas Wunderschönes.

Allerdings verlaufen Begegnungen nicht immer so gut. Es gibt auch ungute Begegnungen. Jeder Mensch hat Grenzen: äußere sichtbare Grenzen und innere unsichtbare Grenzen.

Wie es in unserem Inneren aussieht, kann ein anderer nicht sehen. Im Gegensatz zu unserem Körper ist unsere innere Grenze nicht sichtbar, deshalb kommt es manchmal zu schmerzlichen Grenzüberschreitungen. Manchmal greifen wir selbst an und manchmal werden wir angegriffen. Ohne es zu wollen, sind wir verletzt oder verletzen wir selbst.

Nicht nur andere sehen unsere inneren Grenzen nicht, manchmal sehen wir sie auch selbst nicht und fühlen uns unseren Gefühlen und Empfindungen ausgeliefert. Doch das stimmt nicht. Wir sind nicht ausgeliefert. Wir sind frei. Wir können denken. Doch dazu brauchen wir Zeit.

Alles, was wir beim Eintritt in dieses Leben haben, ist Zeit. Diese Zeit verbringen wir zwischen Überleben und Genuss. Innerhalb dieser beiden Pole gibt es unendlich viele Zwischenzeiten: alltägliche Begebenheiten, die uns immer wieder herausfordern. Je nachdem, wie wir mit diesen Herausforderungen umgehen, empfinden wir dieses Leben als schwierig und mühsam oder als freudvoll und schön.

Um diese Zwischenzeiten geht es bei der KWiF-Methode, nämlich darum, die täglichen Herausforderungen so zu meistern, dass wir zufrieden sind.

*Wer zufrieden ist, lässt andere in Frieden.*

Die Hauptregel bei der Begegnung und allgemein im Umgang mit anderen ist, Wesentliches von Unwesentlichem zu unterscheiden.

Ich begleitete eine Grundschulklasse zur Vorbereitung auf die Fahrradprüfung. Bevor die Kinder auf den Übungsplatz durften, ging es in einen Raum, in dem eine Polizistin über die Theorie sprach. Thema waren die Vorfahrtsregeln im Straßenverkehr.

Irgendwann lautete die Frage, was passieren würde, wenn an einer Kreuzung, bei der es weder eine Ampel noch Verkehrsschilder gab, vier Fahrzeuge gleichzeitig eintreffen würden. Wer hätte dann Vorfahrt? Eine eifrige Diskussion entstand unter den Kindern: Darüber war die Polizistin offensichtlich erstaunt. Schließlich beendete sie die Diskussion mit den Worten: „Tatsächlich kommt so etwas eher selten vor. Und wenn, dann regeln das die Autofahrer meistens ziemlich gut untereinander, indem jeder etwas Rücksicht auf den anderen nimmt. Merkt euch vor allem die wichtigste Regel bei der Vorfahrt, und die heißt: rechts vor links. Denn rechts vor links werdet ihr am häufigsten anwenden müssen. Wenn ihr nicht sicher seid, dann langsam machen oder warten. Auf keinen Fall einfach losfahren, das kann böse enden!"

Auch im Alltag geht es darum, Wichtiges von Unwichtigem zu unterscheiden. Manchmal konzentrieren wir uns auf Nebenschauplätze, dabei geht uns die Hauptattraktion verloren.

## Begegnungen mit ganz unterschiedlichen Menschen

Sicherlich lautet eine der wichtigsten Regeln im Leben, der inneren Stimme Gehör zu schenken. Sie ist sozusagen die Basisregel, die uns den Weg in ein erfülltes Leben zeigt. Wo es Basisregeln gibt, da gibt es aber auch andere Regeln. Vielleicht ist davon eine der wichtigsten diejenige, an der richtigen Stelle wegzuhören.

Neulich waren mein Lebensgefährte und ich zu einem Abendessen bei einem seiner Geschäftspartner eingeladen. Wir waren drei Paare. Es war ein schöner geselliger Abend. Das Essen war sehr gut und der Gastgeber erzählte Geschichten, die uns alle zum Lachen brachten. Beim Abräumen bedankte ich mich bei der Gastgeberin für das Essen. „Ich gebe dir gerne das Rezept", bot sie mir an. – „Das ist nett von dir, danke. Nur, bei uns kocht mein Mann. Kochen ist nicht mein Ding." – „Aber es ist wirklich ganz einfach. Und du bist doch kreativ, das kriegst du bestimmt hin." – „Ja, hinkriegen würde ich's vielleicht, aber ich will gar nicht. Mein Mann kocht gerne. Für ihn ist das Entspannung nach der Arbeit. Und ich genieße sein Essen und mache ihm auch viele Komplimente dafür." – „Ja, aber ihr könntet doch auch zu zweit kochen, das ist doch so was Schönes ..."

Diese Frau hatte ein köstliches Essen gekocht, sie war den ganzen Abend freundlich zu mir und den anderen Gästen gewesen. Ich sah sie höchstens zweimal im Jahr bei irgendwelchen Feiern. Wollte ich mich nun ärgern und ihr die Meinung sagen, weil sie sich in Dinge einmischte, die sie nichts angingen? Nein, wollte ich nicht, und ich wollte die Sache auch nicht klären, denn für mich gab es nichts zu klären. Zum einen spielte diese Frau in meinem Leben nur eine nebensächliche Rolle. Zum anderen erkannte ich, dass sie mich nicht angreifen wollte. Sie wollte mir ihre Freude am Kochen vermitteln und vergaß dabei, dass ich vielleicht nicht das Gleiche empfand wie sie. Wir beide wollten den Abend genießen und deshalb stellte ich meine Ohren auf Durchzug, ließ sie noch ein paar Sätze sagen und entschuldigte mich dann mit einem Besuch des stillen Örtchens. Danach kehrte ich zu der Tischrunde zurück. Wir redeten über andere Themen und es war ein wunderschöner Abend. Beim Abschied bedankten wir uns nochmals dafür. Das Rezept kam nicht mehr zur Sprache.

*Wegen einem Körnchen versalzt man nicht die ganze Suppe.*

# Freude

Will ich mich freuen, will ich den Moment genießen? Wovon will ich mich leiten lassen? Von Ärger oder von Freude? Lasse ich es zu, dass das Verhalten eines anderen mich ärgert und mir die Freude, die ich gerade noch empfunden habe, verdirbt? Schlage ich verbal zurück und beginne damit vielleicht einen Kampf?

Oder erkenne ich, dass die andere Person es vielleicht gut mit mir meint und dabei vergisst, dass sich unsere Interessen unterscheiden? Wie handle ich mit dieser Erkenntnis?

Jeder Mensch ist ein Original. Keiner gleicht dem anderen ganz. Das ist gleichzeitig die Freiheit und die Begrenzung jedes Einzelnen. Keiner kann alles sein, alles haben und alles können. Ein gutes Leben kann nur in der Gemeinschaft gelingen, in die jeder seine Talente und seine Begabungen einbringen kann.

Manche Menschen sind sich nicht dessen bewusst, welche Gefühle ihr Verhalten bei anderen auslösen kann. Sie handeln nicht aus böser Absicht heraus. Sie handeln aus ihrer eigenen Geschichte heraus, aus ihren Erfahrungen. Manchmal braucht es etwas länger, um die gute Absicht hinter einem Handeln zu erkennen. Dafür bietet das Leben uns täglich kleine Beispiele und manche davon sind doch ganz anders, als es zunächst erscheint. Bei jedem gibt es persönliche Gründe dafür.

Ich fuhr mit einer Nachbarin zum Supermarkt. Ihr Auto war in der Werkstatt und deshalb hatte sie mich gebeten, sie mitzunehmen. Es war sehr heiß. Wir parkten auf einer der gekennzeichneten Parkflächen. Da kam eine andere Kundin in einem Cabrio angefahren und parkte direkt neben dem Supermarktgebäude, an einer Stelle, an der kein Parkplatz gekennzeichnet war; dafür bot dieser Platz ein bisschen Schatten. Empört schimpfte meine Nachbarin: „Schauen Sie sich das an! Die parkt da einfach im Schatten, da darf man doch gar nicht stehen. Wozu gibt es denn Parkplätze!“ Ich sagte nichts dazu. Ich dachte mir: „Die Frau wird ihre Gründe haben.“ Doch ich kannte meine Nachbarin gut genug, um zu wissen, dass es keinen Sinn hatte, ihr das zu sagen. Sie fand immer etwas zu nörgeln, sie war einfach so, was wohl teilweise auch mit Alterssturheit zu tun hatte. Ich wollte gar nicht wissen, was sie über mich dachte. Da sie aber keine ernstzunehmende Gefahr für mein Wohlbefinden darstellte, störte mich das weiter nicht.

„Die denkt wohl, bloß weil sie ein teures Auto hat, kann sie sich das leisten. Wenn das alle machen würden! Jetzt schauen Sie sich das mal an!", empörte sie sich weiter.

Die Frau stieg aus. Auf einem Teil des Supermarktgeländes fand eine Veranstaltung der Feuerwehr statt. Die Frau ging auf einen der Feuerwehrleute zu. Sie gestikulierte und zeigte auf ihr Auto. Dann ging sie in den Supermarkt und war verschwunden. „Das ist ja wohl das Letzte. So eine ...", meine Nachbarin verstummte plötzlich, denn in diesem Augenblick bewegte sich etwas im Auto. Ein kleiner süßer Hundekopf blickte über die Fahrertür hinaus.

Manchmal neigen wir dazu, andere Menschen zu bewerten. Mal sind es Äußerlichkeiten, die uns ein Urteil über einen Menschen fällen lassen, ein andermal Erfahrungen. Manchmal geschieht es auch, weil wir etwas irgendwo und irgendwann einmal gehört oder gelesen haben.

Mal sind wir selbst die Norm, an der wir andere Menschen messen, und manchmal machen wir den anderen Menschen zur Norm, wenn er in seinem Äußeren oder in seinem Verhalten einer Person ähnelt, die wir kennen und gutheißen.

Manchmal reicht eine kleine Begebenheit, um ein Urteil über den ganzen Menschen zu fällen. Manchmal führt das sogar zum Ende einer Freundschaft, weil einer den anderen nicht nach dem Grund für sein Verhalten gefragt hat.

Jeder Mensch hat eine Geschichte. Keiner von uns kennt sie ganz und keiner von uns kennt die eigene Geschichte von Anfang an. Im Menschsein sind wir eins. Wir alle sind Teil eines Ganzen. Wir alle haben Gefühle und Bedürfnisse, Wünsche und Träume, Neigungen und Prägungen. Sie gehören zum Menschsein dazu und sie alle können gut oder schlecht sein. Darum ist es wichtig, in sich hineinzuhören, sich selbst wahrzunehmen und ernst zu nehmen. Denn nur so können wir die Richtung bestimmen, in die wir gehen möchten und wie wir uns verhalten wollen.

Bei einem Tankstellenbesuch passierte mir Folgendes: Ich wollte den Druck meiner Reifen überprüfen, denn einer von ihnen kam mir zu platt vor. Ich kannte mich mit dem Luftdruckgerät an dieser Tankstelle aus und stellte den Zähler auf 2,5 bar ein. Als ich den Druck des ersten Reifens geprüft hatte, kam ein Tankwart dazu.

„Funktioniert das Gerät?", fragte er.

„Ja, alles bestens", antwortete ich.

„Wie hoch haben Sie denn eingestellt?"

„2,5 bar."

„Wenn's dreimal piept, ist der Reifen voll."

„Ja, ich weiß."

„Immer fest aufs Ventil drücken, damit die Luft nicht danebengeht."

„Ja, ich weiß."

Beim nächsten Reifen: „Der hat ja nur 1,2 bar. Warum denn das?"

„Ich weiß es nicht. Deswegen bin ich ja da."

„So können Sie doch nicht rumfahren, der platzt Ihnen auf der Autobahn."

„Ja, wie gesagt, deswegen bin ich ja da."

„Jetzt ist er fertig, es hat dreimal gepiept."
„Ja, ich hab's gehört."
„Wieder fest aufs's Ventil drücken, sonst geht die Luft raus."
„Danke, ich komme zurecht!"

# Gelassenheit

Will ich gelassen bleiben, will ich innerlich ruhig bleiben und überlegt handeln? Wovon lasse ich mich leiten? Von Ärger oder von Liebe? Lasse ich es zu, dass das Verhalten eines anderen mich reizt? Reagiere ich wütend auf eine Situation, deren Hintergrund ich nicht kenne? Oder bleibe ich gelassen und erkenne, dass das Verhalten der anderen Person mich weder beeinträchtigt noch betrifft?

Wie handle ich mit dieser Erkenntnis?

Oft ist es Hilflosigkeit, die Menschen die Grenzen anderer überschreiten lässt: die Hilflosigkeit in eigener Sache. So kann es passieren, dass gute Absichten zu ungutem Verhalten führen. Doch nicht immer muss auf ein ungutes Verhalten eine ebensolche Reaktion folgen. Manchmal erfordern besondere Situationen besondere Maßnahmen.

Ein neunjähriger Junge wollte nicht mehr angeschrien werden. Die Klassensituation war schwierig. Manchmal war es so laut, dass die Lehrerin schreien musste, um gehört zu werden. Irgendwann schrie sie ziemlich viel und dann schrie sie auch diesen Jungen an, obwohl er nur ein bisschen mit seinem Nachbarn geredet hatte.

Er wusste, dass die Lehrerin eigentlich eine liebe Person war, und daher überlegte er, was er tun könne, damit sie nicht mehr so viel schrie. Er nahm Bonbons mit in die Schule. Vor Unterrichtsbeginn sprach er sie an: „Ich würde gerne ein Experiment mit dir machen. Machst du mit?", fragte der Junge die Lehrerin. „Um was geht es denn?", wollte diese wissen. „ Manchmal redest du sehr laut und das schmerzt in meinen Ohren. Und vielleicht tut es ja auch deinem Hals weh. Ich habe Bonbons mitgebracht und wenn du wieder laut bist, dann würde ich dir gerne eins geben." Die Lehrerin antwortete ihm, dass sie es sich überlegen wolle.

Ab dieser Stunde schrie sie ihn nicht mehr an und er bemühte sich, während des Unterrichts kaum noch mit seinem Nachbarn zu sprechen.

*Wenn wir etwas mit Liebe machen,*
*schenken wir Aufmerksamkeit und Zeit*
*und dann gelingt es auch.*

# Mut

Will ich mutig sein? Will ich etwas Unangenehmes ansprechen? Wovon lasse ich mich leiten? Von Angst vor der Reaktion der anderen Person oder von Liebe?

Lasse ich es zu, dass ich enttäuscht bin von einer Person, die ich eigentlich mag, oder bin ich mutig und spreche etwas an? Erkenne ich, dass das Verhalten eines anderen Menschen sich nicht gegen mich als Person richtet, sondern dass diese Person hilflos ist und sich deswegen falsch verhält? Und erkenne ich auch, dass das Verhalten dieser Person mit einer bestimmten Situation zusammenhängt, dass sich dieser Mensch auch schon sehr liebevoll verhalten hat? Sehe ich diesen Menschen im Zusammenhang?

Wie handle ich mit dieser Erkenntnis?

Wenn wir die Hilflosigkeit eines anderen in einer Sache erkennen, dann können wir anstatt mit Wut mit Liebe reagieren. Auch in partnerschaftlichen Beziehungen zeigen klassische Vorwürfe, dass ein anderer nicht weiterweiß. Beliebte Beispiele dafür sind: „Du bist wie deine Mutter!" oder „Der kann es doch auch, warum kannst du es denn nicht ...!" Es ist der verzweifelte Versuch, den anderen zur Änderung zu zwingen. Ein Versuch, der meistens scheitert, denn wer will schon wie die eigene Mutter sein oder die Frau / der Mann des Freundes / der Freundin. Wir wollen so angenommen und geliebt werden, wie wir sind, und im Grunde will der andere das auch.

## Außergewöhnliche Menschen

Es gibt außergewöhnliche Menschen. Dabei ist es weder ihr Aussehen noch ihre Tätigkeit, die sie so außergewöhnlich macht.

Mein Sohn wurde eine Zeitlang von einer Lehrerin unterrichtet, die außergewöhnlich war. Am Anfang hatte er sich noch über sie beklagt, aber irgendwann hat er gemerkt, dass hinter ihrem Verhalten Liebe und Begeisterung steckten. Wenn er heute über diese Lehrerin spricht, sagt er: „Die war die beste, die ich bis jetzt hatte. Sie war zwar ein bisschen verrückt, aber sie hat jeden anders behandelt. Und man hat gemerkt, dass sie mit dem Herzen arbeitet."

Es gibt Menschen, die die Welt um sich herum besser machen; Menschen, die mehr geben, als von ihnen verlangt wird; Menschen, die nicht nur ihr Wissen, sondern sich selbst mitteilen. Von diesen Menschen geht eine prägende Energie aus. Sie berühren unser Herz und bleiben in unserem Gedächtnis.

Auch im Supermarkt, in dem ich einkaufe, gibt es eine außergewöhnliche Kassiererin. Ich schaue immer, ob sie da ist, um ihr dann meine Huldigung zu erweisen. Sie wirkt wie eine Königin, die ihre Tätigkeit voller Würde und Hingabe ausführt und die sich durch nichts aus der Ruhe bringen lässt. Irgendwie habe ich jedes Mal das Gefühl, dass ein bisschen davon auf mich abfärbt, wenn ich bei ihr an der Kasse stehe.

Liebe braucht Vertrauen. Nicht immer sind Grenzüberschreitungen klar zu erkennen.

Manche Grenzüberschreitung kann man nicht an Worten erkennen, es ist mehr ein Gefühl, etwas liegt in der Luft. Es ist nicht greifbar und trotzdem ist es da.

Sie arbeiteten in der gleichen Abteilung in einem Großraumbüro. Sie war Teamassistentin, ihre Kollegin war Ingenieurin. Irgendwann spürte sie, dass ihre Kollegin etwas gegen sie hatte. Sie konnte dieses Gefühl nicht festlegen, es gab auch keine konkreten Hinweise dafür, sie spürte es einfach. Mit der Zeit wurde dieses Gefühl immer intensiver. Bald war es soweit, dass sie Kopfschmerzen bekam, sobald sie das Büro betrat. Sie versuchte es mit Kopfschmerztabletten, doch diese wirkten nicht. Sie wusste sich nicht mehr zu helfen, da nahm sie ein weißes Blatt Papier und malte eine Linie darauf, die als Schutzwall gegen die negativen Gefühle der Kollegin helfen sollte. Auch das half nicht. Dann sprach sie die Kollegin einfach an. Sie sagte ihr, dass irgendetwas zwischen ihnen beiden nicht stimmen würde. Die Kollegin stritt es ab. Trotzdem fühlte sie sich besser. Auch wenn die Kollegin es geleugnet hatte, so wusste sie doch, dass sie sich auf ihr Gefühl verlassen konnte. Dadurch, dass sie es angesprochen hatte, fühlte sie sich befreit und die Kopfschmerzen verschwanden.

Doch nicht nur bei ihr änderte sich etwas, denn was sie gesagt hatte, traf zu und das wusste auch die Ingenieurin. Aus irgendeinem Grund, sie konnte ihn nicht benennen, hegte sie einen Groll gegen die Teamassistentin. Diese war immer freundlich, sie war bei allen beliebt und führte ihre Arbeit stets sehr gut aus. Die Ingenieurin reagierte mit Trotz. Wenn sie eine Frage an die Teamassistentin hatte, stellte sie ihr diese nicht mehr persönlich, sondern schickte ihr nun eine E-Mail. Sie mied den Schreibtisch der Teamassistentin und nahm lieber einen Umweg. Doch dieser Zustand hielt nicht lange an. Die Ingenieurin fragte sich, woher ihre Kollegin wissen konnte, dass sie diesen Groll gegen sie hegte. Aber noch viel mehr erstaunte es sie, woher diese den Mut genommen hatte, dies auch noch auszusprechen. Langsam wuchs etwas wie Respekt für die Teamassistentin in ihr. Bald fing sie an, hin und wieder am Schreibtisch der Teamassistentin vorbeizugehen. Sie begann, sie freundlich zu grüßen. Dann und wann erkundigte sie sich, wie es ihr gehe, und irgendwann begannen die beiden, sich miteinander zu unterhalten. Es dauerte gar nicht so lange und die beiden wurden sehr gute Kolleginnen.

# Vertrauen

Will ich vertrauen? Will ich meine Empfindungen ernst nehmen, auch wenn es keine eindeutigen Zeichen gibt, die beweisen können, was ich fühle? Stehe ich zu mir? Wovon lasse ich mich leiten? Von Unsicherheit und Ungewissheit oder von Vertrauen? Lasse ich es zu, dass das Verhalten einer Person dazu führt, dass ich mich nicht wohlfühle, oder vertraue ich auf mein Gefühl und wage etwas? Erkenne ich, dass das Verhalten der anderen Person vielleicht

**mit eigener Unzufriedenheit zu tun hat und ich eigentlich gar nicht gemeint bin?**

**Wie handle ich mit dieser Erkenntnis?**

Es gibt perfekte Tage, Tage, an denen die Frisur sitzt, die Kilos stimmen, das Haus geputzt ist, die Beziehung läuft und die Erziehung Früchte trägt. Tage, an denen nur eins fehlt: jemand, der stört.

An solch einem Tag war ich mit meinem Sohn beim Einkaufen. Er war damals vielleicht vier Jahre alt. Während wir durch die Gänge liefen, fragte er mich, ob er eine Süßigkeit haben könne. „Ja, wenn du mir eine Milch aus dem Regal holst, darfst du dir danach etwas aussuchen", antwortete ich ihm. Das hörte eine sehr gepflegte ältere Dame und sagte: „Das ist Erpressung!" Ihre Stimme hatte dabei etwas von einem erhobenen Zeigefinger. „Ja", erwiderte ich freundlich, „und damit arbeite ich täglich sehr erfolgreich." Verdutzt schaute sie mich an. Dann verzog sich ihr Mund zu einem breiten Lächeln. „Ja", meinte sie, „das habe ich bei meinen auch so gemacht, als sie noch klein waren."

*Nur wer sich angegriffen fühlt, verteidigt sich.*

Ob Erpressung eine sinnvolle erzieherische Maßnahme ist oder nicht, ist Ermessenssache. Es hängt von der Definition ab. Aber Erziehung ist sowieso ein weites Feld für Diskussionen.

Eine Freundin von mir sagte einmal: „Meine Eltern haben in der Erziehung sicherlich vieles falsch gemacht, aber ich habe immer gespürt, dass ich geliebt wurde." Ich kenne ihre Eltern und finde sie ziemlich schräg. Ich kann mir gut vorstellen, dass ihre Erziehung alles andere als pädagogisch wertvoll war. Doch wenn ich meine Freundin so anschaue, dann denke ich, dass ihre Eltern einen verdammt guten Job gemacht haben.

## Zweideutige Botschaften

Es gibt Wörter, die erregen sofort unsere Aufmerksamkeit. Nur durch genaues Betrachten können wir dann herausfinden, ob wir davon bedroht werden oder ob es sich um blinden Alarm handelt.

„*Du musst ...*" – wenn ich das höre, geht bei mir im Kopf ein Warnsignal an. *Müssen* ist nicht nur ein Wort, es kann mehr als das ausdrücken. Es kann Druck ausüben, auch wenn das meistens gar nicht so gemeint ist. In den meisten Fällen geht es bei einem *Muss* nicht um Unterdrückung, sondern es soll etwas erledigt werden, ohne lange Erklärung. Und genauso benutzen wir dieses *Muss* häufig auch. Nur manchmal verhält es sich anders damit. Manchmal hat ein *Muss* einen unangenehmen Beigeschmack und dieser Eindruck ist berechtigt, denn dann will da jemand, dass wir nach seinem Willen und gegen unseren eigenen Willen handeln.

*Wir müssen nur eines wissen,*
*nämlich, dass wir gar nichts müssen.*

Ähnlich verhält es sich mit dem Wörtchen *aber*. „Hübsch siehst du heute aus, *aber* diese Halskette, die passt überhaupt nicht zu deinem Outfit. Die Farbe ..."

So, jetzt bin ich also plötzlich nicht mehr hübsch wegen dieser Halskette. Diese wunderschöne Halskette, die ich mir damals im Urlaub gekauft habe und die viele schöne Erinnerungen in mir wachruft. Diese blöde Halskette hat mein ganzes Outfit kaputt gemacht. Stopp, halt, Moment mal!

Nicht die Halskette ist der Auslöser für mein plötzliches Unhübschsein. Es ist diese unnötig gerichtete Aufmerksamkeit auf ein Detail. Bei *Aber* hilft am besten ebenfalls ein *Aber*, deshalb: *Aber* mit der Halskette fühle ich mich hübsch und das ist doch die Hauptsache. Wenn ich mir mit dieser Halskette gefalle, dann trage ich sie auch. Ob jemand anders mich deshalb auch hübsch findet, ist eine andere Sache. Und wenn ich mir die Haare türkis-pink-gestreift färbe und einen Leoparden-Jumpsuit anziehe, der meine Fettröllchen bestens zur Geltung bringt – wenn ich mich darin wohlfühle, dann ist das so. Denn wie ich mich fühle, kann nur ich selbst entscheiden.

*Am schönsten sind wir, wenn wir uns selbst gefallen.*

# Schönheit

Will ich mich schön fühlen? Will ich mich wohlfühlen? Wovon lasse ich mich leiten? Von Ärger oder von Liebe? Lasse ich es zu, dass ich mich durch die Worte einer anderen Person von einem Moment zum nächsten nicht mehr schön finde oder wohlfühle? Lasse ich mich durch die Aussage einer anderen Person irritieren? Oder bleibe ich in meinem Gefühl und fühle mich weiterhin gut?

Wie handle ich mit dieser Erkenntnis?

„Mach das *doch* so, das ist *doch* genau dein Ding! Dann könntest du noch dies und das machen und dann …" Moment mal! Was geht denn hier ab? Will mir da jemand etwas verkaufen, was eigentlich überhaupt und nicht wirklich mein Ding ist? Und was momentan so ganz und gar nicht in meine Situation passt? Was soll das? Und warum macht diese Person das?

Manche Menschen bestimmen gerne – und das nicht nur über sich selbst, sondern auch über ihre Mitmenschen. Damit werten sie. „Mach das *doch* so …" bedeutet dann, dass das, was du jetzt machst, nicht gut ist. Mach lieber etwas anderes, nämlich das, was ich dir sage.

Warum andere das machen? Manchmal deshalb, weil sie etwas falsch verstanden haben; manchmal auch, weil sie meinen, sie wüssten es besser; manchmal, weil sie unsicher sind und Angst haben, nicht gemocht zu werden; und manchmal deshalb, weil …

Spielt es eine Rolle? Wichtig ist, was wir daraus machen. Kein Wort ist gänzlich gut oder schlecht, ebenso wie kein Ding und kein Wesen gänzlich gut oder schlecht ist.

Wer kennt das nicht, jeder hat mal einen schlechten Tag. Manchmal ist es einfacher, einen Rat zu geben, als bei sich selbst genauer hinzuschauen. Wir sollten nicht jedes Wort und jede Tat auf die Goldwaage legen.

Solange dieser Versuch der Fremdbestimmung nicht zum Dauerzustand wird und wir selbst wissen, was unser Ding ist, was wir tun und lassen wollen, gibt es keinen Grund dafür, eine Beziehung oder Freundschaft wegen einer versuchten oder auch nur vermeintlichen Fremdbestimmung zu beenden.

# Ärzte sind auch nur Menschen

Manchmal wollen wir einfach nur gehört werden. Es gibt Situationen, da wollen wir nur erzählen, ohne dass uns jemand eine Lösung präsentiert. Wir wissen selbst, dass wir nicht immer richtig handeln oder dass es uns nicht weiterbringt, uns über etwas aufzuregen. Manchmal tut es einfach gut, sich den Ärger von der Seele zu reden oder ein bisschen zu jammern, ohne von anderen belehrt zu werden. Ab und zu brauchen wir jemanden, der nur zuhört, der sein Mitgefühl mit uns teilt und vielleicht sogar ein wenig Mitleid mit uns hat.

Sie telefonierte mit einer Freundin. Diese klagte ihr ihr Leid. Ihr Mann verstehe sie nicht und der Job befriedige sie nicht. „Mir ist irgendwie alles zu viel. Ich pack's einfach gerade nicht. Nächsten Montag habe ich einen Termin bei einer Psychologin. Ich hoffe, sie kann mir weiterhelfen."

Sie verstand ihre Freundin. Die Details, die ihr die Freundin erzählt hatte, kamen ihr bekannt vor. Auch ihr Mann verstand sie manchmal nicht, und wenn sie es recht bedachte, waren es oft wirklich wichtige Punkte. Und was die Arbeit anging, wenn sie an die Angelegenheit von neulich dachte… Auch für sie war es zu viel. Sie hatte nur nicht richtig hingeschaut. Das wollte sie jetzt angehen. Sie rief bei ihrer Hausärztin an. „Mir ist irgendwie alles zu viel. Ich pack's einfach gerade nicht."

„Kommen Sie vorbei, ich gebe Ihnen eine Überweisung für einen Psychologen."

Sie ging zum Termin. Am Empfang erhielt sie einen Fragebogen. Bei einem Punkt ging es darum, ob sie Psychopharmaka wolle. Sie machte das Kreuzchen bei „Nein“. Dann kam sie dran. Sie erzählte dem Psychologen ihr Leid. Er hörte zu, dann verschrieb er ihr etwas und sie vereinbarten einen neuen Termin. Auf dem Rückweg hielt sie bei einer Apotheke an und kaufte ihre Medizin. Daheim setzte sie sich hin und las die Packungsbeilage. Dann las sie diese erneut – die Nebenwirkungen. Sie wirkten auf ihre Psyche ein und ... Aber das hatte sie doch gar nicht gewollt! Sie wollte doch nur ... Was wollte sie denn genau? Sie zeigte das Medikament ihrem Mann. Der schüttelte den Kopf und meinte: „Sag mal, wessen Leid lebst du denn da gerade aus? Vor dem Telefonat ging's dir noch gut und danach war plötzlich alles schlecht.“ Es stimmte, er hatte recht. „Warum hast du denn nichts gesagt?“, fragte sie ihn. „Ich kenne dich,“ sagte er. „Hätte ich etwas gesagt, hättest du mir vorgeworfen, dass ich dich sowieso nicht verstehen würde. Und weißt du was, manchmal verstehe ich dich wirklich nicht! Du bist eine tolle Frau, aber diese Aktion jetzt ...“ Und dann musste er lachen. „Irgendwie ist das typisch für dich.“ Sie warf das Medikament in den Mülleimer, sagte den Termin beim Psychologen ab und es ging ihr wieder gut.

Auch Mitleid ist nicht gänzlich schlecht. Im Mitleid können wir spüren, was der andere fühlt. Aus Mitleid kann Mitgefühl erwachsen und das kann helfen.

Am Abend sprachen ihr Mann und sie nochmals darüber. „Warum hat mir der Psychologe eigentlich das Medikament verschrieben, ich wollte doch gar keins?“, sagte sie zu ihm. „Ich denke mal, du warst sehr überzeugend. Du hast ja selbst geglaubt, dir gehe es nicht gut. Und wenn es jemandem wirklich schlecht geht, dann braucht er manchmal Medikamente, um da wieder rauszukommen", meinte er. „Ärzte sind auch nur Menschen. Sie sehen in dem Augenblick ja nur den Menschen, der vor ihnen sitzt. Du hast ihm ja sicher nicht erzählt, dass du dich bei deiner Freundin angesteckt hast, oder?" Nein, diesen Teil hatte sie ausgelassen.

Gerne folgen wir dem Rat von Fachleuten. Manche von ihnen genießen ein hohes Ansehen und wir vertrauen ihrem Urteil.

Nach einem Umzug wechselte ich zu einer Zahnärztin. Der Anfahrtsweg zu meinem alten Zahnarzt war mir zu lang. Gleich zu Beginn der Behandlung erneuerte sie eine meiner Keramikkronen, weil es darunter nicht gut aussehe, wie sie mir erklärte. Die Behandlung war kostspielig.

Beim darauffolgenden Termin teilte sie mir mit, dass meine Zementfüllung links oben neu gemacht werden solle, weil sie schon ziemlich abgeschabt sei. Ich hatte diese Füllung seit mehr als zehn Jahren, in denen sie gute Dienste geleistet hatte, und das sagte ich meiner Ärztin auch.

„Wir sollten eine neue Füllung machen. Am besten ist natürlich Keramik oder Gold. Die halten bis an Ihr Lebensende."

„Ja, die kosten aber auch richtig viel. Ich möchte lieber wieder eine Zementfüllung."

„Ach nein, die ist wirklich nicht so gut. Kunststoff wäre noch eine Möglichkeit. Aber das Beste wäre Gold oder Keramik."

„Warum denn nicht Zement?"

„Die hält nicht so gut."

„Aber meine hat jetzt doch mehr als zehn Jahre lang gehalten."

„Ja, schon. Das ist aber die Ausnahme."

„Und was war dann mit meiner Keramikkrone?"

„Es kann schon einmal vorkommen, dass man eine Keramikkrone auswechseln muss, aber ..."

Nachdem die Logik schon den Raum verlassen hatte, bekam nun auch mein Vertrauen zu dieser Ärztin Flügel und flog zum Fenster hinaus. Ich verabschiedete mich höflich und ward seitdem in dieser Praxis nicht mehr gesehen.

Mein neuer Zahnarzt hat die Lücke wieder mit Zement gefüllt, nachdem ich ihm die Sachlage erklärt habe. „Wie sie wollen", meinte er. Ja eben, wie ich will.

Manipulation gehört zum Leben. Wir alle können manipulieren und wir alle tun es, meistens unbewusst und ohne böse Hintergedanken. Ungut wird es dann, wenn Menschen unser Vertrauen und unsere Unwissenheit ausnutzen.

Manchmal fehlt uns die eigene Selbstverständlichkeit. Manchmal passen wir uns anderen Menschen an, ohne zu hinterfragen, ohne selbst zu denken. Das passiert uns am ehesten bei Menschen, die über mehr Fachwissen verfügen oder die sozial höhergestellt sind. Manchmal denken wir, nur weil jemand intelligent ist, weiß er auch mehr. Sicherlich weiß eine solche Person auf einem bestimmten Fachgebiet mehr, aber weiß nicht jeder in einem bestimmten Bereich mehr als ein anderer? Auch Menschen, die es besonders gut mit uns meinen, meinen es manchmal vor allem mit sich selbst besonders gut. Kein Mensch, egal in welcher Position, hat das Recht, einen anderen bewusst zu manipulieren oder zu unterdrücken.

*Kein Mensch steht über einem anderen.*

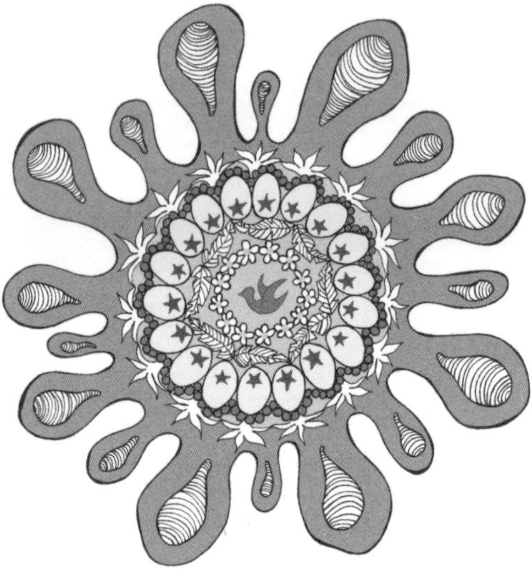

# Freiheit

Will ich frei sein? Will ich in meinem Denken und Handeln frei sein und mich nicht von der Meinung eines anderen beeinflussen lassen? Wovon lasse ich mich leiten?

Von Ärger oder Liebe? Akzeptiere ich, dass ein anderer eine andere Meinung hat, der ich vielleicht nicht zustimme, die ich aber trotzdem gelten lasse? Erkenne ich, dass gesunder Menschenverstand und Intelligenz zwei Paar Schuhe sind? Erkenne ich, dass ich jederzeit gehen kann?

### Wie handle ich mit dieser Erkenntnis?

Mein neuer Zahnarzt ist mein „alter“ Zahnarzt. Ich bin zu ihm zurückgekehrt, weil er schon in der Vergangenheit auf meine Bedürfnisse eingegangen ist und ich ihm vertraue. Den längeren Anfahrtsweg nehme ich inzwischen gerne in Kauf und ihn und seine Arbeit weiß ich jetzt noch mehr zu schätzen.

## Die Wertschätzung für sich selbst nicht vergessen

Auch die eigene Wertschätzung ist wichtig. Das bedeutet, sich selbst anzuerkennen, unabhängig von der Meinung anderer.

An einem kalten Morgen im Januar 2007 stand ein Straßenmusiker in einem U-Bahnhof in Washington. Er spielte sechs Stücke auf seiner Violine mit einer Gesamtdauer von 43 Minuten. Mehr als 1000 Menschen gingen an dem Musiker vorbei. Nur sieben blieben stehen, um ihm zuzuhören, und von diesen haben nur wenige Geld in seinen offenen Geigenkasten geworfen. Am Ende waren es weniger als 40 Dollar.

Der Mann, der dort spielte, war Joshua Bell, einer der größten Musiker unserer Zeit. Die Violine, auf der er spielte, war eine Stradivari, knapp vier Millionen Dollar wert. Die Melodien, die er spielte, stammten von den berühmtesten Komponisten. Drei Tage zuvor hatte er die *Boston Symphony Hall* bis auf den letzten Platz gefüllt, bei Ticketpreisen ab 100 Dollar.

Dies ist eine wahre Geschichte. Es handelte sich dabei um ein Experiment der Zeitung *Washington Post.*

Diese Geschichte hat mich aus mehreren Gründen berührt. Sicherlich führen Lärm und Hektik dazu, dass wir manchmal die Wunder dieser Welt nicht mehr wahrnehmen und sicherlich leben wir in einer schnelllebigen Zeit, in der wir nicht einmal dann eine Pause machen, wenn es nötig wäre.

Aber sind Lärm und Hektik nicht manchmal Pauschallösungen für alles und jeden?

War bei diesem Experiment der Musiker nicht einfach am falschen Ort? Kann man die Schönheit dieser Musik wirklich in einem U-Bahnhof hören und erleben? Ist das nicht ein bisschen so, als ob man einen Fisch aufs Land legt und sagt: „Na, dann schwimm mal los!“?

Manchmal sind wir einfach am falschen Ort. Manchmal machen wir unser Selbstwertgefühl abhängig von anderen. Gelegentlich fehlt uns die eigene Anerkennung. Wir können einem anderen Menschen Respekt und Achtung nur dann entgegenbringen, wenn wir uns selbst respektieren und achten.

Wie viel bin ich mir wert?

Im Alltag hat die eigene Wertschätzung noch eine andere Funktion. Manchmal wird unsere Gutmütigkeit ausgenutzt. Dann bedeutet Wertschätzung für sich selbst, „Stopp“ zu sagen. Dann heißt eigene Anerkennung: „Nein, heute kann ich nicht.“

*Wer die eigene Anerkennung bei anderen sucht,*
*sucht am falschen Ort.*

Er gehörte zur gutmütigen Sorte. Als seine Schwiegermutter damit anfing, ihn zu schikanieren, musste er eine Grenze setzen.

Sie interessierte sich nicht für ihn. Wenn er ihre Sträucher im Garten schnitt, sagte sie: „Endlich hast du das gemacht, wurde auch höchste Zeit." Als er ihre Garage strich, sagte sie: „Schön ist es nicht, aber das konnte ich ja auch nicht erwarten." Mit fortschreitendem Alter wurde sie immer verbitterter. Eine Zeitlang ging sie zum Sport für Senioren, doch dann sagte sie: „Ich kann mit deren Geschwätz nichts anfangen. Das sind dumme Weiber." Die dummen Weiber waren aktiv. Neben dem gemeinsamen Sport gingen sie wandern und engagierten sich auch sozial.

Sie hatte nur eine Freundin. Er nannte sie den „ Mutter-Teresa-Club". Die beiden stachelten sich gegenseitig an, verurteilten andere und werteten über sie, was das Zeug hielt. Und ständig fragten sie, warum die Welt so schlecht sei, warum nicht alle so gut sein konnten, wie sie beide es seien.

Er und seine Frau hatten zwei Kinder. Die Enkelkinder bekamen Geldgeschenke zu bestimmten Anlässen. Mehr Zuwendung brachte ihnen die Oma nicht entgegen. Sie empfand es als genug. Die Tochter fuhr sie einmal die Woche zum Einkaufen. Sie war berufstätig und zusätzlich mit Haushalt und Kindern gut ausgelastet. Ein Dankeschön brachte die Schwiegermutter nicht über die Lippen. Als er es einmal einforderte, warf sie es ihm an den Kopf. „Danke!", bellte sie, „bist du jetzt zufrieden?" Es war ein Vorwurf, keine Spur von Dankbarkeit.

Sie rief ihn bei der Arbeit an: „Du musst mich zur Krankengymnastik bringen. Der Arzt hat es mir verschrieben. Ich habe schon einen Termin ausgemacht. Übermorgen um 11 Uhr." Er war selbstständig. „Tut mir leid, da bin ich bei einem Kunden, da kann ich nicht", erklärte er ihr. „Du musst dich aber um mich kümmern!", forderte sie. „Ja, das will ich auch tun", antwortete er. „Ich melde mich wieder bei dir, dann schlage ich dir eine Lösung vor."

Am nächsten Tag fuhr er zu ihr. Er bat sie, einen Vertrag zu unterschreiben. Darin stand, dass sich die Schwiegermutter damit einverstanden erklärte, dass er sie fuhr, aber dass ihr während der Fahrt kein Wort der Klage oder des Vorwurfs gegenüber irgendjemandem über ihre Lippen kommen durfte. Sollte das geschehen, würde er ihr ein Taxi rufen, das sie dann heimfahren konnte. Die Kosten müsste sie selbst übernehmen.

Sie machte ein Riesentheater, den Vertrag unterschrieb sie nicht. Er fuhr sie trotzdem. Und ... er hielt sich an den Vertrag. Als die Taxikosten ihr irgendwann zu hoch wurden, hielt sie ihren Mund.

*Die erste Anerkennung gilt uns selbst.*

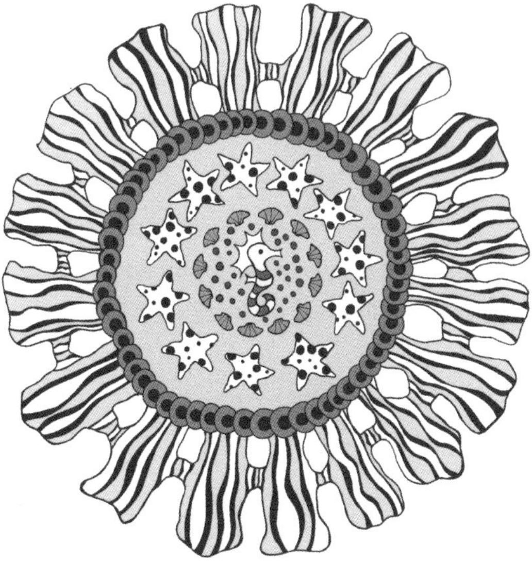

# Anerkennung

Will ich mich selbst anerkennen? Will ich mir selbst mit Achtung und Respekt begegnen? Erkenne ich, dass ich so, wie ich bin, grundrichtig bin? Akzeptiere ich, dass ich Stärken ebenso wie auch Schwächen habe? Wovon lasse ich mich leiten? Von Ärger oder von Freude? Lasse ich es zu, dass die Nicht-Anerkennung eines anderen mir zum Beispiel die Freude am Helfen verdirbt? Oder erkenne ich, dass eigene Anerkennung auch bedeutet, Grenzen zu set-

**zen – für mich selbst und den anderen? Erkenne ich auch, dass ich für mich lebe, dass ich die Dinge, die ich tue, für mich tue, und nicht, um anderen zu gefallen?**

**Wie handle ich mit dieser Erkenntnis?**

## „Klappe zu, Affe tot“ [1]

Auch ich wollte keinen Vertrag unterschreiben. Um große Affen ging es. „Lieben Sie Tiere?“, fragte der Mann. „Ja.“, sagte ich. Damit war ich in der Kiste. Nur mühsam konnte ich die Klappe offen halten.

Der Mann gehörte einer Organisation an, die Spenden für die Rettung von Gorillas in Afrika sammelte. Er war charmant und appellierte an mein Herz für Tiere. Seine Frage, ob ich ein Haustier hätte, beantwortete ich mit „Ja, einen Hund“. Er heuchelte Interesse, stellte Fragen zu Rasse und Alter, um mich zu verführen. Schnell kam er zum Geschäftlichen. Er gab sich nicht mit Kleingeld ab, regelmäßige monatliche Einzahlungen beginnend in zweistelliger Höhe waren sein Ziel. Die Entscheidung von mir wollte er sofort, Unterlagen mit zahlreichen Stempeln, die ich bis dahin noch nie gesehen hatte, waren vorhanden. Er stand vor dem Supermarkt, in dem ich gerade einkaufen wollte. Ich war in Gedanken woanders und hatte keinen Kopf für eine Auseinandersetzung. Meine Einsprüche konterte er geschickt. Ich wollte es mir überlegen, da sagte er: „Was hält Sie davon ab, jetzt ...?“ Das war's. Dieser Satz brachte mich zur Besinnung. Es war diese Aufforderung, mich zu

---

1 – Die genaue Herkunft dieser Redewendung ist unbekannt. Es wird vermutet, dass sie daher rührt, dass kleine Äffchen früher als Zirkusattraktion dienten. Meistens wurden sie mit Ketten an eine Holzkiste gebunden und so zur Schau gestellt. Starb ein Äffchen, kam es in die Kiste und die Klappe der Kiste wurde geschlossen.

rechtfertigen, obwohl ich nichts angestellt hatte; mich als schlechten Menschen hinzustellen, wenn ich nicht sofort helfen würde. „Mein Wille!", antwortete ich und ging davon.

*Nichtstun lähmt. Hinnehmen macht schwach.*
*Zurückschlagen trifft einen selbst.*

Wenn wir uns erklären sollen, obwohl wir keinen Schaden angerichtet haben, wenn Menschen uns Ratschläge geben, ohne dass wir sie darum gebeten haben, ist das anstrengend. Es raubt Energie. Werden wir nur gemocht, wenn wir lieb und nett sind, dann ist das keine Liebe. Wenn wir uns lieber anpassen, wenn wir so sind, wie die anderen uns gerne hätten, dann vergessen wir, wer wir sind.

Je klarer wir sind, je besser wir unsere Wünsche und Bedürfnisse kennen, desto bewusster können wir handeln und so manchen unnötigen Konflikt vermeiden, der meistens einen langen Rattenschwanz nach sich zieht.

Nach meiner Begegnung mit dem übermotivierten Spendeneintreiber ging ich in den Supermarkt. Während ich an den Regalen entlanglief, wanderten meine Gedanken nochmals zurück zu diesem Vorfall. Ich ärgerte mich ein bisschen über mich selbst und darüber, dass ich mich auf dieses Gespräch eingelassen und es nicht sofort abgeblockt hatte – war mir doch sehr schnell klar geworden, dass es sich um keine seriöse Sache handelte. Ich überlegte, wie ich mich das nächste Mal verhalten würde. Und dann musste ich mich bremsen, damit ich nicht laut loslachte. Sollte mich jemals wieder jemand um eine Spende für angebliche Gorillas bitten, würde ich sagen: „Guter Mann, ich war in Afrika und mich hat ein Gorilla gebissen – und nun wollen Sie, dass ich dafür Geld spende?"

Spaß ist wichtig. Dieses intellektuell freie Handeln, dieses scheinbar sinnlos Dahingesagte ist es manchmal, was uns aus dem Alltag herausreißt, was uns befreit und uns die Welt gleich mit anderen Augen sehen lässt.

Kürzlich bei einem anderen Besuch im Supermarkt passierte das Folgende: Da hatte sich die lange Warterei in der Schlange gelohnt. An der Kasse stand eine alte Frau vor mir, weiter vorne der dazugehörige Opa. Ich fing mit der Frau ein kleines nettes Schwätzchen an. Als das Pärchen dann an der Reihe war, zeigte der Opa der Kassiererin eine leere Pappschachtel, die er wohl irgendwo zwischen den Regalen gefunden hatte. Er fragte, ob diese etwas kosten würde. „Nein", sagte die Kassiererin, „die ist umsonst." Da drehte sich der Opa um, schaute seine Oma an, grinste breit und meinte: „Ja, ja, die alten Schachteln gibt's umsonst!" Die Kassiererin und ich mussten so lachen. Auch die Oma nahm's gelassen. „Du alter Depp!", sagte sie und lächelte dabei liebevoll.

# Spaß

Will ich Spaß haben? Will ich mit Humor eine Situation entschärfen? Wovon will ich mich leiten lassen? Von Ärger und Frust über mein Verhalten? Lasse ich es zu, dass ich mir Selbstvorwürfe mache, weil ich eine Sache zu ernst nehme?

Wie handle ich mit dieser Erkenntnis?

Auch wenn Menschen nicht aus böser Absicht heraus handeln, bedeutet das nicht immer, dass sie es gut mit uns meinen. Manche Menschen verletzen andere bewusst. Oftmals wissen sie zwar, dass ihr Verhalten eine andere Person verletzt, aber sie nehmen das in Kauf, weil sie glauben, dass es eine Rechtfertigung für ihr Handeln gibt.

Nicht immer können wir Angriffen von außen entgehen. Manchmal reicht es nicht aus, mit sich im Reinen zu sein.

Es gibt Menschen, die mit sich selbst schon lange im Krieg sind, so dass Krieg zu ihrer einzigen Sprache geworden ist. Diese Menschen empfinden jedes Friedensangebot als Kriegserklärung. Einen solchen Menschen vom Krieg in den Frieden zu führen, könnte unmöglich sein. Lassen wir uns auf eine solche Person ein, besteht die Gefahr, dass wir uns zum Krieg verleiten lassen. Ein Krieg kann in alle Bereiche unseres Lebens eindringen. Geschieht das, dann steht unser innerer Friede auf dem Spiel. Wird innerer Friede zum Krieg, dann bedeutet dies das Ende der Liebe.

Manchmal kann es die größte Liebe sein, die wir einem anderen Menschen und uns selbst entgegenbringen, wenn wir es nicht mehr zulassen, dass dieser Mensch uns verletzt. Wenn es sich dabei um Menschen handelt, mit denen uns eine lange Geschichte verbindet, ist dies schwierig. Das ist vor allem bei Menschen der Fall, die uns sehr nahestehen und die schon viele Male unsere Grenzen überschritten haben. Zweifellos ist das eine Herausforderung auf höchster Ebene, die nur wenige Menschen bewältigen können.

Eine Bekannte erzählte mir, dass sie schon lange nicht mehr ans Telefon gehe, wenn ihre Mutter sie anrufe. Sie würde sich erst vorbereiten und dann würde sie ihre Mutter zurückrufen. Ich fragte sie, was sie mit „vorbereiten" meine. Sie fing an zu erzählen: „Ich mache mich stark. Ich lege ein Bild von mir, auf dem ich mir gefalle, neben das Telefon; ich habe eine Idee, wie ich das Telefonat schnell beenden könnte, indem ich zum Beispiel selbst an der Haustür klingele, und noch ein paar weitere Verstärker. Erst wenn ich das getan habe, rufe ich sie zurück."

Auf meine Frage, warum sie das tue, erzählte sie weiter: „Telefonate mit meiner Mutter sind wie russisches Roulette. Manchmal ist sie supernett und ein anderes Mal hagelt es Vorwürfe und Schuldzuweisungen. Unser Verhältnis war schon immer kompliziert. Schon, als ich klein war, konnte ich es ihr nie recht machen. Auch viele Gespräche haben daran nichts geändert. Mit der Zeit wurde es eher schlimmer. Irgendwann war mir klar, dass sich in unserer Beziehung niemals etwas ändern würde. Den Kontakt zu ihr konnte ich einfach nicht abbrechen und dann habe ich diese Strategie für mich gefunden."

Ich fragte, ob das nicht schlimm für sie sei. Sie antwortete: „Schlimm war es früher. Da tat sie mir leid, weil sie auch keine einfache Geschichte hat. So, wie es jetzt ist, komme ich gut mit der Sache klar. Ich glaube, dass es so auch für meine Mutter besser ist. Sie hat keine Gelegenheit mehr, mich anzugreifen."

# Liebe

Will ich lieben oder will ich in Liebe handeln? Wovon lasse ich mich leiten? Von Gleichgültigkeit mir selbst oder einer anderen Person gegenüber oder von Liebe? Und will ich die Liebe zu mir selbst mit einbeziehen? Will ich meine Bedürfnisse dabei auch ernst nehmen? Erkenne ich, dass es keine Liebe ist, wenn ich meine eigenen Gefühle und Empfindungen unterdrücke und nur aus Rücksicht auf die Gefühle der anderen Person handle?

„Weißt du", erzählte sie weiter, „irgendwann erkannte ich, dass meine Mutter nicht anders konnte. Ich habe ihr auch einen Brief geschrieben. Ohne Vorwürfe, ohne sie irgendwie anzuklagen. Ich schrieb ihr, wie ich mich fühlte und dass ich sie lieb habe. Beim nächsten Telefonat sagte sie mir, sie habe den „bösen" Brief bekommen. Da merkte ich, dass sie ihre Sichtweise nicht ändern konnte, dass sie gefangen im eigenen Kopf war. Und dass auch ich so lange gefangen bleiben würde, bis ich ihr und auch mir selbst vergeben hätte. Denn ich machte mir Vorwürfe. Warum hatte ich das so lange mitgemacht, warum ging ich wieder hin, um zu hören, wie dumm und nichtsnutzig ich sei? Was hatte ich nur getan, dass sie mich so behandelte ...

Mit all diesen Fragen verletzte ich nur mich selbst. Da wusste ich, dass ich ihr vergeben musste, um frei zu sein, und dann habe ich vergeben, aus tiefstem Herzen."

Jeder von uns begeht Fehler und das Beste, was wir dann tun können, ist, einen anderen um Verzeihung zu bitten. Doch es gibt auch Menschen, die nicht um Verzeihung bitten können. Menschen, die sich selbst nicht eingestehen können, dass sie falsch gehandelt haben. Trotzdem ist es wichtig zu vergeben, auch wenn es unendlich schwerfällt. Es ist lebensnotwendig, um unbelastet zu sein, um den eigenen Weg zu gehen. Denn eine tiefe Verletzung ist eine schwere Last.

Vergebung kann eine Sache nicht wieder gut oder ungeschehen machen, aber wir können wieder unseren inneren Frieden finden.

## Begegnungen mit außergewöhnlichen Situationen

Dieses Leben ist nicht nur Begegnung mit Menschen, es sind auch Situationen, denen wir begegnen. Oftmals sind es alltägliche Begebenheiten, gelegentlich aber auch außergewöhnliche Erlebnisse, die es zu meistern gilt. Auch gibt es Pflichten, die zu erledigen sind. Mal dienen sie dem Allgemeinwohl und ein andermal dem Eigenwohl. Manche Pflichten dabei scheinen sinnlos zu sein. Doch oft sind es nur ein paar kleine Gedanken, die alles in einem anderen Licht erscheinen lassen.

Kehren wir zurück zum Anfang. Nach Afrika, der Wiege der Menschheit, und zum ersten Beispiel der KWiF-Methode: zur Entscheidung zwischen Hausputz oder Schwimmen im See.

Bei einer meiner Rucksackreisen durch Afrika verbrachte ich ein paar Tage auf einer Entwicklungshilfestation in einer abgelegenen Region in Sambia. Ich wohnte in einem einfachen Haus bei einer Entwicklungshelferin. Dort ging es beim Sauberhalten des Hauses nicht nur darum, sich wohlzufühlen, es war auch eine Sache der Sicherheit. Alles musste täglich an seinen Platz geräumt werden, damit sich keine Schlupfwinkel bildeten für alles mögliche Getier, wie giftige Tausendfüßler oder Kakerlaken. Auch die Lebensmittel mussten gut aufgeräumt sein, denn Wanderameisen und ähnliche Viecher sind immer hungrig. Essen war kostbar, denn es gab nicht viel – nur das, was die Einheimischen selbst auf dem Feld oder mit ihrem Vieh erwirtschaften. Auch ums Haus herum musste alles aufgeräumt und das Gras kurz gehalten werden, damit sich dort keine Schlangen verstecken konnten.

Das Sauberhalten im und ums Haus war eine notwendige Pflicht, mit der keiner haderte, war doch der Grund dafür klar.

Bei uns ist es anders. Wir sind weit weg von der Natur. Lebensmittel wachsen im Supermarkt und die Mauern unserer Häuser sind so dick, dass eine Ameise den Honig nicht riechen würde, selbst wenn wir den Küchenboden damit wischen würden. Doch so lange ist es auch hierzulande noch nicht her, dass die meisten Menschen von der Landwirtschaft lebten. Auch damals war es wichtig, dass alles seinen Platz hatte und gut verstaut wurde, sicherte es doch ein gutes Überleben.

Heute ist das Leben einfacher. Wir haben viele Maschinen und Geräte, die die Arbeit erleichtern.

Beim ersten Beispiel der KWiF-Methode entschied ich mich fürs Aufräumen. Schon in den Tagen zuvor war ich am See gewesen und auch in den nächsten Tagen würde das Wetter schön bleiben, so dass ich noch genügend Gelegenheiten für einen Besuch am See hatte. Mein Haushalt dagegen hätte sich nicht von alleine aufgeräumt. Sein Zustand hätte sich eher verschlimmert, wäre ich jetzt nicht aktiv geworden. Hätte ich mich trotz allem dafür entschieden, an den See zu fahren, hätten mich Gewissensbisse geplagt, und es schwimmt sich nicht gut, wenn man ständig gebissen wird.

*Der Weg des guten Gewissens ist manchmal schwerer, dafür besser und glücklicher.*

Ich liebe unser Haus und bin dankbar dafür, dass wir dort leben dürfen. Diese Dankbarkeit möchte ich auch im Handeln zeigen. Hausarbeit empfinde ich als leicht, Staubsaugen ist mein Favorit. Es hat einen sportlichen Nebeneffekt und der Strom dafür ist immer da.

Während meiner Zeit in Kenia war das nicht selbstverständlich. Stromausfälle gehörten zum Alltag, manchmal nur für ein paar Minuten, ein anderes Mal für ein, zwei Tage. Zur Arbeit zogen wir Blusen an, und wenn Stromausfall war, konnten diese nicht gebügelt werden. In diesen Zeiten legte ich abends den Lichtschalter um, damit ich nachts aufwachte, sobald der Strom wieder da war. So kam es vor, dass ich um 3 Uhr morgens bügelte. Auch Wasser war keine Selbstverständlichkeit und so hatten wir alle, die an der Küste Mombasas lebten, immer Wasservorräte im Haus. Denn nur ein einziger Tag ohne Wasser in diesem heißen Klima ist eine sehr unangenehme Angelegenheit.

Hausarbeit mache ich weder gerne noch ungerne. Ich hadere nicht damit, denn ich empfinde sie als meine Pflicht. Ich möchte, dass mein Zuhause das widerspiegelt, was ich fühle – da wohnt jemand gerne drin. So ist mein aufgeräumtes Zuhause für mich Freude, Lob und Anerkennung zugleich. Damit erfüllt die Hausarbeit ihren Zweck.

> *Wenn wir den Zweck einer Pflicht erkennen und sie bewusst machen, dann können aus Pflichten Freuden werden.*

Bei einer Ausstellung kam ich mit einem Mann ins Gespräch. Wir sprachen über die unterschiedlichen Prioritäten bei der Arbeit und darüber, was für uns am wichtigsten ist: die Erfüllung, ein gutes Miteinander oder das Gehalt. Im Laufe des Gesprächs erzählte er mir seine Geschichte.

„Als Kind liebte ich Zahlen. Bereits in der Grundschule war ich schneller im Rechnen als meine Lehrerin. Ich erhielt Extrablätter mit komplizierten Aufgaben, die ich lösen durfte. Alles, was mit Zahlen zu tun hatte, faszinierte mich. In Deutsch dagegen war ich nicht so gut. Irgendwann fingen meine Eltern an, mich für gute Noten zu bezahlen. Sie erhofften sich dadurch, dass ich mich auch in den anderen Fächern mehr anstrengen würde. Und so war es auch. Mit der Zeit ging es mir weniger um das Rechnen, sondern mehr um die Belohnung. Ich verdiente gut dabei und das ging immer weiter so. Ich war auf Leistung fixiert, meine Freude verkaufte ich regelrecht. Ich wollte immer mehr."

Er erzählte mir, dass er ein großes Unternehmen geleitet hatte. Er sei nie zufrieden gewesen, irgendwie war der Erfolg nie genug für ihn. Bis er einen Burn-out hatte, der ihn und seine Familie fast zerstörte. Nach einem Jahr Auszeit und professioneller Unterstützung schaffte er einen Neuanfang.

„Jetzt bin ich selbstständiger Berater. Ich habe das große Glück, dass ich mir meine Projekte aussuchen kann. Und das mache ich auch, nach dem Kriterium, was mich am meisten interessiert. Ich verdiene lange nicht mehr so viel wie früher, dafür macht mir meine Arbeit wieder Freude. Heute genieße ich das Leben: nicht nur die Arbeit, auch das Private. Ab und zu erhalte ich sehr verlockende Jobangebote. Ich lehne sie jedes Mal ab und denke mir dabei: Ich weiß, wo das hinführt, denn dort war ich schon einmal. Da, wo ich jetzt bin, ist es viel schöner."

Manche Menschen finden ihre Erfüllung im privaten, andere im beruflichen Bereich, und wieder anderen ist es wichtig, dass beide Bereiche ausgewogen sind. Was für Menschen wesentlich ist, was sie erfüllt, ist bei jedem unterschiedlich, aber eins ist immer gleich: Ein erfülltes Leben ist nicht einfach da und es bleibt nicht ohne unser Zutun so. Es hat seinen Preis und fordert unser Bewusstsein täglich von neuem heraus. Ein erfülltes Leben erfordert von uns, Farbe zu bekennen und dazu zu stehen. Tun wir das nicht, bleibt es uns versagt. Mit dieser Haltung sind sich kleine und große Bereiche unseres Lebens gleich.

Das erfüllte Leben ist wie eine Primaballerina. Sie will unsere volle Aufmerksamkeit. Schenken wir ihr diese nicht, dann tanzt sie auch nicht für uns.

# Erfüllung

Will ich erfüllt sein? Will ich meine Zeit mit etwas verbringen, das ich von Herzen gerne mache? Wovon lasse ich mich leiten? Von Gier oder von Liebe? Lasse ich es zu, dass ich einer Tätigkeit nachgehe, die mir keine innere Befriedigung bringt, dafür aber materiellen Reichtum und gesellschaftliche Anerkennung? Erkenne ich, dass ich vielleicht nicht alles haben kann? Erkenne ich, dass es wichtig ist, mich auf eine Sache einzulassen, und dass diese meine

**Zeit und meine Aufmerksamkeit benötigt, um gut zu werden, und die mir im Tun Erfüllung bringt?**

**Wie handle ich mit dieser Erkenntnis?**

Manchmal überlegen wir nicht, was uns erfüllt, was uns Freude bereitet oder Spaß macht und uns innerlich befriedigt. Manchmal vergessen wir, dass wir eine eigene Meinung haben und dass wir selbst denken können. Im Alltag wirken viele Einflüsse auf uns ein.

Das Kinoprogramm wechselt immer schneller, jünger auszusehen wird immer wichtiger und Frauen, die sich „nur" um Haushalt und Kinder kümmern, sind entweder Täter oder Opfer. Die Medien zeigen uns, was wir brauchen, um erfüllt und glücklich zu sein. Und hin und wieder fehlt uns die nötige Distanz, um zu erkennen, was wir wirklich brauchen und was nicht.

In der griechischen Mythologie entkommt Odysseus den Sirenen – weiblichen Fabelwesen, die auf einer Insel wohnen und durch ihren betörenden Gesang die vorbeifahrenden Seeleute anlocken, um sie zu töten.

Odysseus ließ seine Matrosen sich die Ohren verstopfen, damit sie den Gesang der Sirenen nicht hören konnten, und er selbst ließ sich an den Schiffsmast binden, damit er ihrem Gesang nicht erlag. So konnte das Schiff samt Besatzung unversehrt an der Insel vorbei manövrieren.

Auch heute noch locken uns die Sirenen mit ihrem Gesang. „Komm", flüstern sie, „nimm mich. Ich mach dich schöner, glücklicher und dein Leben reicher", locken sie, um uns zu verführen. Sind wir im einen Moment noch glücklich und zufrieden mit dem, was wir haben, ändert sich doch alles, sobald wir ihren Ruf vernehmen. Ein Blick in die Werbung, ein bisschen im Internet gesurft und uns ist klar – etwas fehlt in unserem Leben, wir wussten es nur nicht bis gerade eben.

Denn wer kennt das nicht? Hin und wieder muss es einfach sein.

In der Nacht zuvor schien der Vollmond und ich hatte meine Tage. Ich ging in der Stadt an Schaufenstern vorbei – und da sah ich ES. Mir war klar, ich musste ES haben. Ein Weiterleben ohne ES war nicht nur undenkbar, nein, unmöglich würde es sein. ES war wie für mich geschaffen und würde mein Leben verändern. ES würde mich zu der Frau machen, die ich schon immer sein wollte. ES hatte mehr Zahlen auf dem Etikett, als mein Budget erlaubte. Doch ... es musste einfach sein.

Seit mehr als zehn Jahren ziert ES nun meinen Kleiderschrank. Ich habe es nie öffentlich getragen. „ES" ist ein Abendkleid, so glamourös, dass es gerade gut genug ist für den roten Teppich. Ich habe keine rationale Erklärung für den Kauf damals und mir fällt kein vernünftiger Grund dafür ein. Ab und zu ziehe ich es daheim an und betrachte mich im Spiegel. Dann freue ich mich darüber, dass ich noch reinpasse.

Solche Ausrutscher passieren und sind nicht weiter schlimm, solange wir nicht jeder Werbung und jedem Gerede Glauben schenken und solange wir wissen, dass wir der Mensch, der wir sein wollen, schon die ganze Zeit sind.

Es ist wichtig, uns so zu zeigen, wie wir sind. Wollen wir einen Job, weil wir dort unsere Fähigkeiten einsetzen können und weil auch das Drumherum stimmt, dann sollten wir beim Bewerbungsgespräch der Mitarbeiter sein, den das Unternehmen braucht. Wenn wir uns so genau wie möglich vorstellen, uns möglichst bis ins kleinste Detail ein Bild von unserer Rolle im Unternehmen machen, dann können wir beim Vorstellungsgespräch nicht nur über eine Position reden, dann können wir die Ingenieurin, der Koch, die Teamassistentin oder der Verkäufer, den das Unternehmen braucht, wirklich *sein*.

*Sein und Wollen wachsen am gleichen Baum.*

Auch am Anfang einer partnerschaftlichen Beziehung ist es wichtig, dass wir uns so zeigen, wie wir sind, und auch das, was wir gerne tun, weiterhin machen. Wenn wir aufhören, unsere alten Freunde zu treffen, wenn wir unseren Hobbies nicht mehr nachgehen, dann fangen wir an zu betrügen – uns selbst und den anderen. Denn dieses Drumherum gehört auch zu uns. Eine Partnerschaft bedeutet manchmal sicherlich auch Verzicht, aber in der Hauptsache sollte eine Partnerschaft ein Gewinn sein. Ein Gewinn ist keine Selbstverständlichkeit. Daher sollten wir in unseren Beziehungen, egal ob als Chefin oder Mitarbeiter, Ehepartner oder Freundin den anderen nicht als Selbstverständlichkeit sehen – nicht für uns selbst und nicht für den anderen. Es wäre ein großer Verlust.

Kenia war sechs Jahre lang meine Heimat. Einmal war ich zwei Jahre lang nicht in Deutschland. Als ich dann meinen Urlaub hier verbrachte, wollte ich die Dinge kaufen, die ich in Kenia nicht bekam: Schuhe und andere Kleidung und Kosmetika. Ich fuhr mit meiner Mutter in die Stadt und war von der Vielfalt so überfordert, dass ich nichts kaufte und mich weigerte, die nächsten zwei Wochen nochmals in die Stadt zu fahren. Einen Tag vor meinem Rückflug ging ich in ein Kaufhaus und kaufte das, was mir passte, ohne lange zu überlegen.

In Kenia bekam man damals nur T-Shirts, Plastikschuhe und Sandalen, die aus alten Autoreifen gemacht waren. Auch was Süßigkeiten anging, existierte nur eine kleine Auswahl: englische Schokolade von Cadbury, ein paar Kekssorten und das war's. Eis oder Gummibärchen gab es nicht. Einmal verkaufte der Supermarkt Mars-Riegel. Das hat sich so schnell herumgesprochen, dass der Karton am Abend bereits leer war. Irgendwann machte dann eine Bäckerei auf, die von einer Deutschen geführt wurde. Ab da erhielt man mehrere Sorten Brot. Eine nette Frau, die irgendwann an Aids starb, dann gab es wieder nur Weißbrot.

Manche Erlebnisse sind schwer. Es braucht Zeit, um sie anzunehmen und sich damit abzufinden. Auch viele Selbstverständlichkeiten des Alltags lassen uns selten wirkliche Dankbarkeit empfinden. Ist es doch gerade die Selbstverständlichkeit, das Normale, das einfach da ist. Wozu dann dankbar sein? Wirklich empfundene Dankbarkeit kann erst erwachsen, wenn wir erkennen, dass vieles in unserem Leben nicht selbstverständlich ist.

*Wertschätzung + Freude = Dankbarkeit*

Unser Leben sollte nicht anstrengend sein. Am Ende des Tages sollten wir uns nicht leer und erschöpft fühlen, sondern erfüllt und zufrieden. Oft sind es nicht die Tätigkeiten, die anstrengend sind, sondern die Gedanken, die sie begleiten.

Manchmal widmen wir uns zu sehr den Freuden, ein andermal sind es die Pflichten, denen wir zu viel unserer Zeit schenken. Es ist die Ausgewogenheit, die zählt. Dabei geht es nicht darum, jede Freude mit einer Pflicht aufzuwiegen. Es gibt dazu keine mathematische Formel, denn manchmal ist eine Freude so groß, dass sie viele Pflichten aufwiegt.

*Manchmal sind sich Menschen gar nicht bewusst,*
*dass sie etwas machen, das sie auch lieben könnten.*

Als ich mich dafür entschied, Kunst zu studieren, gehörte auch die Frage der Finanzierung dazu. Ich hatte noch etwas Erspartes von meiner Tätigkeit, bei der ich sehr gut verdient hatte. Doch für das Studium und meinen Lebensunterhalt würde das nicht ausreichen. Daher hatte ich während der ganzen Studienzeit Nebenjobs und während der Semesterferien einmal drei Jobs nebeneinander – einen Bürojob und zwei Stellen, bei denen ich als Bedienung arbeitete. Es waren keine Tätigkeiten, die mich innerlich erfüllten, aber sie strengten mich auch nicht an, denn was mich erfüllte, war die Malerei und der Gedanke, dass ich mir diesen Wunsch mit Hilfe der Nebenjobs selbst erfüllen konnte. Und das machte mich überglücklich.

Irgendwann tauschte ich auch meine luxuriöse Maisonette-Wohnung gegen zwei kleine Zimmer im Industriegebiet ein, sie lagen auf dem Gelände einer Baumschule. Eine einfache Unterkunft ohne Heizung, mit einem Holzofen, die vorher als Umkleideraum für die Angestellten gedient hatte. Ich renovierte sie und machte ein kleines Paradies daraus. All das empfand ich als Leichtigkeit und hatte viel Freude daran. Und ich war sehr dankbar dafür, denn ich erhielt einen großen Lohn dafür: die Freiheit, das zu tun, was ich von Herzen wollte.

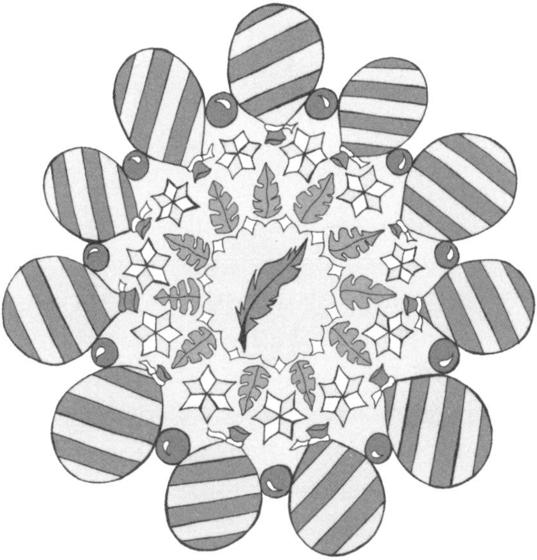

# Leichtigkeit

Will ich leicht sein? Will ich mich leicht fühlen? Will ich eine Sache mit Leichtigkeit angehen? Lasse ich es zu, dass mich eine Sache Energie kostet, weil ich den Sinn dahinter nicht sehe? Oder erkenne ich den Sinn einer Sache, auch wenn ich die Sache nicht gerne mache?

Wie handle ich mit dieser Erkenntnis?

Welchen Sinn oder welchen Zweck eine Tätigkeit für uns hat, können nur wir selbst bestimmen. Und es ist gut, wenn wir das tun, wenn wir uns bewusst sind, für was wir arbeiten. Denn das kann eine Sache sehr erleichtern.

## Alles ist gut

Während meines Kunststudiums hatte ich wenig Zeit fürs Privatleben. Ich hatte zwei gute Freundinnen, mit denen ich mich regelmäßig traf, aber die meiste Zeit verbrachte ich mit Malen. Bis irgendwann ein Wunsch in mir wuchs: die Sehnsucht nach einem Lebensgefährten. Diese Leere musste noch gefüllt werden, dann würde alles gut sein. Ich malte mir aus, wie es sein würde, ich träumte davon, und irgendwann war einer da. Ein Mann. Und dann ging das Theater erst richtig los.

Manchmal denken wir: „Wenn das und das eintritt, dann sind wir da, wo wir hinwollen, dann ist alles gut." Wir schreiben eine Bewerbung für einen Job und freuen uns darauf. Wir sind ganz aufgeregt, können kaum noch schlafen, sind voller Erwartung. Wir fühlen uns lebendig und wir brennen. Wir wissen, wenn es mit diesem Job klappt, dann wird alles gut. Dann haben wir das erreicht, was wir im Leben schon immer erreichen wollten. Und irgendwie meinen wir, ab da läuft alles von selbst.

Dabei fängt das Theater dann erst richtig an – mit dem Job, den wir bekommen haben, mit dem Partner, mit dem Auto, mit dem Haus, mit ...

Es ist jedes Mal dasselbe. Haben wir das bekommen, was wir wollten, geht das Theater erst richtig los, fängt die Arbeit erst wirklich an.

*Alles lebt davon, gelebt zu werden.*

So hüpfen wir von einem „Dann wird alles gut“ ins nächste. Von einem Theaterstück zum anderen. Dabei übersehen wir, dass alles gut ist, schon die ganze Zeit, dass wir jetzt und hier das Leben genießen können. Allein schon an die eine Sache zu denken lässt unser Herz lachen. Und diese Freude sollten wir auch vor, während und nach dem Theaterstück in uns tragen, denn wir sind immer davor, währenddessen und danach im Theater. Wir können bestimmen, ob es ein gutes Stück wird. Wir können es so gut sein lassen, wie es war, als wir darauf warteten und davon träumten, dass alles gut wird.

*Alles wird gut = alles ist gut.*

Auch mit unserem Sohn war es so. Mein Partner und ich freuten uns auf ein Kind. Wir träumten davon und auch die aktive Gestaltung gehörte zur Vorfreude. Als der Kleine dann da war, begann das Theater erst richtig. Mit seinen mittlerweile zehn Jahren ist er das Hauptstück in meinem Theater, auch wenn wir manchmal unterschiedliche Wege gehen.

„Du immer mit deiner Pünktlichkeit!“, beschwerte sich mein Sohn. Wir wollten uns mit Freunden treffen und ich drängte ihn zur Eile. „Na ja, wir wollen ja mit ihnen ins Geschäft kommen“, erwiderte ich.

„Wie, mit ihnen ins Geschäft kommen?“

„Na weißt du, wir haben eine einheitliche Uhrzeit. Wir haben jetzt 11 Uhr und auch bei unseren Freunden ist es jetzt 11 Uhr. Vor langer Zeit war das anders. Da hatten die einzelnen Orte noch unterschiedliche Uhrzeiten. Dann wurden die Züge erfunden und erst ab da gab es eine einheitliche Uhrzeit. Ab da stellten alle die Uhren auf die gleiche Zeit, damit sie pünktlich am Bahnhof sein konnten, wenn der Zug ankam und wichtige Waren mitbrachte, zum Beispiel Eis. Dann konnte das Eis schnell in die Kühltruhe gebracht werden, bevor es schmolz."

„Ja, aber erstens ist es bereits auf der Fahrt geschmolzen, und zweitens werden unsere Freunde nicht schmelzen, wenn sie ein paar Minuten auf uns warten müssen."

„Ja, ein bisschen warten ist nicht schlimm. Aber lange warten, das kann richtig übel sein." Und ich erzählte ihm von einem Erlebnis an einer afrikanischen Busstation.

An manchen Orten in Afrika scheint die Vereinheitlichung der Zeit noch unbekannt zu sein. Zeit hat dort einen großen Spielraum. Als ich mit dem Rucksack in Kamerun unterwegs war, erfuhr ich dies an einer Busstation. Auf die Frage, wann der Bus abfahren würde, erhielt ich die Antwort, sobald dieser voll sei.

„Und wann ist der Bus voll?", wollte ich wissen.

„Sobald alle da sind."

„Wie viele müssen denn da sein?"

„Das kommt darauf an."

„Auf was kommt es denn an?"

„Darauf, wie viel Gepäck jeder dabei hat."

„Wie viel Gepäck darf man denn mitnehmen? "

„Das kommt darauf an." ...

Ich war wegen der Hitze am Morgen an die Busstation gekommen. Es gab eine Hütte, an der Getränke verkauft wurden. Keine Toilette. Die Afrikanerinnen hatten weite Röcke an, so dass sie sich einfach irgendwo hinhocken konnten, um zu pinkeln. Ich hatte Shorts an. Am Nachmittag waren alle Bedingungen für „Es kommt darauf an" erfüllt und der Bus fuhr endlich ab.

Als ich vor vielen Jahren durch das afrikanische Land Malawi reiste, wurde ich an der Grenze aufgehalten, weil ich keinen Rock trug. Ich musste zum nächsten Schneider gehen und mir einen Rock nähen lassen. Erst dann durfte ich einreisen. Damals empfand ich es als Schikane. An der Bushaltestelle in Kamerun wurde ich eines Besseren belehrt.

Ich erzählte meinem Sohn, dass ich damals erst nach vielen zermürbenden Stunden dort ankam, wo ich hinwollte.

„Das heißt, ich komm dort an, wo ich hinwill, auch wenn ich nicht pünktlich bin?", fragte er.

„Äh, ja, irgendwie schon."

„Dann zieh ich nach Afrika!"

Naja, auch eine Lösung. Und Gepäckfreiheit gibt es dazu. Die Hauptsache ist doch, dort anzukommen, wo wir hinwollen.

Nicht immer haben wir ein klares Ziel vor Augen, etwas, das wir unbedingt erreichen wollen. Das braucht es auch nicht. Der Wunsch, ein gutes Leben zu führen, zufrieden zu sein, ist der große Wunsch, der hinter allen Zielen steht. Alles Weitere ergibt sich auf dem Weg. Wichtig ist nur, dass wir losgehen und dass wir dabei die Augen offenhalten, denn wir selbst bestimmen den Weg. Wir können wählen, an welchem Ort wir leben und mit welchen Menschen wir uns umgeben wollen.

## Das Wechselspiel des Lebens

Wir brauchen andere Menschen: Menschen, die uns auffangen oder uns am Schopf packen und aus dem Schlamassel ziehen. Menschen, die ihr Wissen mit uns teilen, und Menschen, mit denen wir unsere Erfahrungen machen. Und wir brauchen auch Menschen, die uns herausfordern, die uns auf den Prüfstand stellen, die unsere Werte hinterfragen. Genauso brauchen wir Situationen, in denen es gut für uns läuft, und andere, die uns herausfordern. Wir werden an jedem Ort und mit jedem Menschen Dinge erleben, die wir verändern können, und genauso Dinge, die wir nicht mehr ändern können. Konflikte, die wir lösen sollten, um unseren Weg unbeschwert zu beschreiten, und andere, in denen wir nicht zu lange verharren sollten, denn sie würden uns am Weitergehen hindern.

Es ist so, als ob dieses Leben fragen würde: „Lebst du mich noch immer?", und auf jedes „Ja" von uns fordert es: „Dann beweise es mir auch." So gibt es uns immer neue Aufgaben, die einfach oder schwierig sein können. Je besser wir eine Aufgabe bewältigen, umso mehr wachsen wir und empfinden mehr Liebe, und desto leichter werden die Aufgaben.

Die Entscheidung, wie wir dem Leben begegnen wollen, kann nur jeder für sich selbst treffen. Dabei kann keine Methode der Welt helfen. Wir können diese Entscheidung jeden Tag und jeden Moment treffen. Wir können uns selbst und damit das Leben ablehnen. Einen Ersatz dafür werden wir jedoch nicht erhalten. Oder wir können uns selbst und dieses Leben annehmen. Wir können es als Geschenk empfangen und ihm unsere Dankbarkeit erweisen.

# Lebensfragen hinter KWiF

Es ist gut, Fragen zu stellen, doch nicht alle Fragen können beantwortet werden. Dann ist es wichtig, keine weiteren Fragen mehr zu stellen, sondern die Dinge so zu akzeptieren, wie sie sind. Es ist notwendig, manche Dinge zu verstehen, und genauso notwendig ist es zu wissen, dass wir manche Dinge niemals verstehen werden.

Wahrscheinlich wird es der Wissenschaft irgendwann möglich sein, Dinge zu erklären, für die uns heute noch die Sensorik fehlt. Mittlerweile können wir wissenschaftlich belegen, dass Pflanzen miteinander kommunizieren – eine Behauptung, die lange Zeit als lächerlich abgetan wurde, nur weil es keine „Beweise" dafür gab. Bei uns Menschen ist die Sprache das offensichtlichste Medium der Kommunikation, doch es gibt noch weitere Möglichkeiten, die sich nicht belegen, jedoch spüren lassen. Auch unsere innere Lenkung ist ein Navigationssystem, für das es keine klaren Beweise gibt. Kein Licht blinkt auf, kein Laut ertönt, wenn sie uns den Weg zeigt. Darum ist es manchmal auch so schwer, ihr zu folgen – vor allem dann, wenn wir sie lange Zeit nicht wahrgenommen haben.

Bei der KWiF-Methode ist das Symbol das Zeichen, das uns daran erinnert, dass wir eine innere Lenkung haben. Diese innere Lenkung, unsere innere Stimme, können wir mit der KWiF-Frage aktivieren. Auf diese Weise können wir Gewohnheiten verändern.

## Ungute Gewohnheiten und notwendige Veränderungen

Es gibt Gewohnheiten, die uns davon abhalten, ein Leben in Liebe zu führen. „Du bist doch wirklich zu nichts zu gebrauchen", „Du schaffst das nicht", „Wie siehst du denn wieder aus, so kannst du doch nicht ..." Diese Sätze benutzen Menschen, um über andere zu urteilen, über sie zu bestimmen und um ihren Willen durchzusetzen. Manchmal sind es auch andere Mittel, die sie einsetzen, um einen anderen zur Anpassung zu zwingen.

*Kein Mensch darf sich anmaßen,*
*einen anderen verändern zu wollen.*

Sind wir dieser Fremdbestimmung häufig ausgesetzt, kann in uns eine Einstellung entstehen, die wir für die Wahrheit halten: „Ich bin nicht gut genug." Dieser Saboteur der Selbstbestimmung läuft manchmal jahrelang unerkannt mit. Er ist da, auch wenn längst niemand mehr die eine Fremdbestimmung auslösenden Worte ausspricht. Gut versteckt sitzt er ganz tief in uns verborgen und hält uns davon ab, uns selbst zu entdecken. Wir halten so sehr an dieser vermeintlichen Wahrheit fest, dass wir immer wieder in Situationen oder an Menschen geraten, die uns diese Wahrheit bestätigen. Sie ist zu unserer Gewohnheit geworden. Daher trauen wir uns nur wenig zu, denn jemandem, der nicht gut genug ist, sollte man nicht trauen. Nur, wem dann? An wen können wir uns halten?

Wir richten unsere Aufmerksamkeit auf die falsche Frage: „Was sollen denn die anderen denken?" Das ist ein unmögliches Unterfangen, denn dazu müssten wir uns bei jeder neuen Begegnung neu erschaffen – nach der Vorstellung des anderen. Wobei fraglich ist, ob die anderen das überhaupt möchten. Will das wirklich jemand? Geliebt zu werden von einem, der das nicht aus freiem Willen tut, sondern aus einer Erwartungshaltung heraus? Sollte die Frage nicht eher „Will ich das (auch)?" lauten? Ab da beginnt die Ehrlichkeit. Ab da kann ein wirkliches Miteinander und Füreinander entstehen.

Wollen wir eine Gewohnheit ändern, nehmen wir uns meistens vor, beim nächsten Mal anders zu handeln als bisher. Doch das fällt uns schwer, denn befinden wir uns in einer entsprechenden Situation, fehlt uns die Zeit zum Überlegen. Die Gewohnheit ist schneller, denn sie ist schon da, bevor wir bewusst eingreifen können. Mit der KWiF-Methode können wir einer unguten Gewohnheit zuvorkommen und eine Distanz schaffen. Damit können wir eine Situation sachlich betrachten und dann den Weg unseres Herzens gehen.

KWiF setzt da an, wo etwas möglich ist – bei uns selbst. Wenn wir uns selbst annehmen, dann können wir auch unser Gegenüber annehmen. Damit können wir hinter Worte spüren und erkennen, dass ein anderer vielleicht unbedacht handelt, dass Worte, die uns verletzen, gar nicht so gemeint sind, dass hinter diesen Worten vielleicht eine ganz andere Geschichte steht. Gefühle brauchen Raum, um erspürt zu werden. Wir brauchen eine gewisse Orientierungszeit, um zu entscheiden, wie wir handeln wollen. Dazu müssen wir etwas hinterfragen. Manchmal finden wir gleich einen Weg dafür und manchmal brauchen wir etwas mehr Zeit.

Wir alle haben positive und negative Gefühle und Empfindungen. Es ist die Summe davon, die unsere Einstellung dem Leben gegenüber ausmacht. Wir dürfen unsere Gefühle nicht unterdrücken: die guten nicht, damit sie wachsen können, und auch die schlechten nicht, damit wir sie in Liebe verwandeln können. Von allen Kräften, die es gibt, ist Liebe die stärkste. Sie kann Wunden heilen und Wunder vollbringen.

Jeder Tag ist eine Herausforderung und eine Chance zugleich. Damit bietet jeder Tag die Möglichkeit für einen Neuanfang. Es reicht nicht aus, sich einmal zu fragen, welchen Weg man gehen möchte. Wovon möchte ich mich leiten lassen, von Angst und Wut oder von Mut, Liebe und Vertrauen? Diese Entscheidung fordert dieses Leben jeden Tag erneut. Es ist eine wichtige Entscheidung, denn sie bestimmt unser Handeln, sie bestimmt, wie wir uns selbst und anderen Menschen begegnen, wie wir Grenzen überschreiten.

Wie will ich diesem Leben begegnen?

## Das Mysterium dieses Lebens

Neulich besuchte ich eine Bekannte im Pflegeheim. Als ich dort ankam, schlief sie gerade. Die Pflegerin und ich versuchten, sie vorsichtig zu wecken, doch sie schlief so tief, dass es uns nicht gelang. Ich machte einen Spaziergang, und als ich nach einer Stunde wieder zurückkam, schlief sie immer noch. Bevor ich wegging, bat ich die Pflegerin, ihr auszurichten, dass ich da gewesen sei. „Bitte sagen Sie ihr, dass Manja da war – Manja wie Biene Maja, nur ohne n, das ist wichtig, da lacht sie immer." Die Pflegerin lachte auch. Meine Bekannte hatte die Biene Maja als Spitzname irgendwann einmal erfunden. Sie war stark dement und immer, wenn ich die Biene Maja erwähnte, lachte sie.

Zum Abschied sagte mir die Pflegerin Folgendes: „Ich werde es ausrichten. Sie wird sich darüber freuen, wenn sie hört, dass die Biene Maja da gewesen ist. Auch wenn sie es später wieder vergessen wird, so hatte sie doch eine kurze Freude."

Keiner von uns weiß, wohin dieses Leben führt. Vielleicht ist es nur wie ein Wimpernschlag, ein kurzer Augenblick in einem großen Ganzen. Sollten wir diesen Augenblick nicht in Freude genießen? Sollten wir nicht ein Leben in Liebe führen?

Wenn der Rettungswagen kommt und alle Platz machen; wenn alle beim Tatütata wissen, da ist ein Mensch in Not und Hilfe ist unterwegs; wenn dann jeder den Weg freimacht, damit der Rettungswagen durchkommt; wenn jeder Rücksicht nimmt und darauf achtet, dass er sich selbst und auch die anderen nicht gefährdet: Das ist für mich Liebe.

Das Leben ist ein großes Mysterium. Keiner von uns kennt das Wie und Warum, das große Ganze. Keiner weiß, ob der Nacht ein Morgen folgt. Das Leben ist voller Ungewissheiten. Alles, was wir können, ist zu vertrauen: Vertrauen, dass es so kommt, wie es kommen muss, und dass es gut ist. Wollen wir ein gutes Leben führen, dann müssen wir unserer inneren Stimme folgen. Sie zeigt uns den Weg zur Klarheit und Zufriedenheit, denn jede Klarheit macht uns zufriedener und jede Zufriedenheit macht uns klarer. Es sind diese vielen Arten von Klarheit in der großen Ungewissheit, die uns den Weg in diesem Leben zeigen: den Weg zu uns selbst. Jeder Tag ist die Ewigkeit.

Menschliches Leben kann nur unter bestimmten Bedingungen, innerhalb bestimmter Grenzen existieren. Ist es zu kalt, erfrieren wir, ist es zu heiß, vertrocknen wir. Wollen wir zu hoch hinaus, ersticken wir, wollen wir zu tief hinunter, werden wir erdrückt. Wo sich der Einzelne wohlfühlt, ist eine Sache der Abwägung. Vielleicht ist es bei der Skala zwischen Überleben und Genuss genauso. Wenn auf dieser Skala *eins* Überleben bedeutet, das heißt, nur zu existieren, ohne die Möglichkeit oder die Zeit, sich darüber bewusst zu werden, wie man leben möchte, wenn es nur darum geht zu überleben, und wenn *zehn* dieser wahnsinnige Genuss ist, dieser Rausch, in dem ein bewusstes Genießen gar nicht mehr möglich ist, dann liegt ein guter Wert vielleicht bei *sieben*.

Nun sind wir uns in diesem Buch begegnet, und wer weiß, vielleicht begegnen wir uns irgendwann an irgendeinem Ort wieder. Sagen wir, so gegen sieben?

# Nachwort

## Das Ende ist der Anfang

Als mein Vater starb, war es eine Überraschung für mich. Er war dement und versank in der Vergessenheit.

Wir hatten kein enges Verhältnis zueinander. Alle ein, zwei Jahre sahen wir uns, dazwischen gab es seltene Telefonate. Wir hatten unsere persönliche Geschichte, wer hat sie nicht. Er durchlitt schlimme Zeiten in der Demenz und kam schließlich in die geschlossene Abteilung eines Pflegeheims. Er war kein halbes Jahr dort, als er starb. Ich erhielt die Nachricht per E-Mail und war überrascht.

Es war für mich eine Selbstverständlichkeit, dass ich ihn besuchte. Es war einfach so. Ich wusste, wenn ich es nicht tun würde, stand mein Seelenfrieden auf dem Spiel, und so haderte ich nicht, sondern fuhr hin. Ich erwartete nichts von diesen Besuchen, eben nur, dass ich meine innere Ruhe bewahrte. Ich hatte ihn davor schon in der geschlossenen Abteilung in der Psychiatrie besucht. Das war heftig. Im Pflegeheim war es anders. Alles war ruhiger und freundlicher, auch mein Vater wirkte bei jedem Besuch entspannter. An manche Dinge erinnerte er sich, an die meisten nicht. Mal erkannte er mich, dann wieder nicht. Mal war er da und dann wieder ganz woanders. Die ersten Besuche waren für mich okay. Ich fuhr hin und danach wieder heim. Pflicht erledigt, alles gut.

Dann kam dieser Moment, ich glaube, es war beim vierten Besuch. Ich merkte, dass sich etwas in ihm veränderte. Ich fragte ihn, ob ich bleiben solle. „Nein", sagte er. Dann fragte ich ihn, ob ich wiederkommen solle. „Ja, aber nicht so oft." Dann war er wieder weg, in seiner eigenen Welt.

Und ich saß da. Ich fühlte mich wie vor den Kopf gestoßen. Abgewiesen. Für die Fahrt zu ihm hatte ich zwei Stunden gebraucht. Und jetzt das – nach fünfzehn Minuten sagte er mir, ich solle ihn nicht so oft besuchen. Wut stieg in mir auf. „Du dummer alter Sack", dachte ich. „Es ist Sonntag und meine Familie wartet daheim. Ich hätte echt Besseres zu tun, als hier bei dir zu sitzen und mir anzuhören, dass ich zwar kommen kann, aber nicht so oft."

Ich fuhr in den nahegelegenen Wald. Das Heim lag in einer wunderschönen Gegend. Ich wollte mich auf eine Bank setzen, um in Ruhe nachzudenken. So wütend wie ich war, wollte ich nicht heimfahren und meiner Familie entgegentreten.

Ich setzte mich hin, aber das ging nicht, da ich viel zu aufgebracht war. So stand ich auf und marschierte los. Dabei brummte ich vor mich hin. Ich zählte alle Schimpfwörter auf, die mir einfielen, echt schlimme waren dabei. Das beste Schimpfwort, das ich für die ganz üblen Situationen habe, ist „Chicken-Shit-Mother-Fucker". Ich habe es von einer Sozialarbeiterin. Ich lernte sie in Kanada kennen, als ich dort als Au-pair-Mädchen gearbeitet habe. Sie betreute Schwerverbrecher im Gefängnis und teilte mir immer die neuesten Schimpfwörter mit, die sich die Gefangenen untereinander zuwarfen. Das oben genannte Wort war unser Lieblingsschimpfwort. Ich will es nicht übersetzen, es ist echt übel und ich gebrauche es wirklich nur heimlich in Notsituationen, wenn mich keiner hört, und nur äußerst selten. Und dann ist es das letzte Schimpfwort, das ich benutze. Es kündigt das Ende der Wut und den Anfang der Wiedergutmachung an. Nachdem ich es gesagt hatte, konnte ich mich hinsetzen und in Ruhe nachdenken.

Mein Vater hatte mich nicht abgewiesen. Er wollte, dass ich gehe, weil es für ihn zu anstrengend geworden war. Es hatte nichts mit mir zu tun, sondern mit seinem Zustand. Er lebte jetzt in einer anderen Welt und die Rückkehr in diese Welt kostete ihn Kraft. Deswegen wollte er auch nicht, dass ich ihn zu oft besuchte. Ich verstand es. Ich verstand es wirklich, nicht nur im Kopf, ich spürte es im Herzen. Und dann spürte ich noch mehr: Auch in der Vergangenheit ging es nicht um Abweisung. Er konnte mich nicht akzeptieren, wie ich bin, weil er sich selbst nicht annehmen konnte. Und nicht nur das: Ich selbst konnte mich auch nicht annehmen, wie ich bin, nicht im Ganzen. Es war so, als ob wir beide in der Dunkelheit nach dem Weg suchten und dabei nicht merkten, dass wir schon die ganze Zeit auf dem richtigen Weg gingen und dass die Dunkelheit nichts anderes war als das Licht.

Ich erinnerte mich an die wenigen Telefonate, in denen er mich fragte, wie es mir ging. Doch egal, wie gut es bei mir lief, immer war da dieses Mitleid in seiner Stimme. Dieses „du Arme, du wirst es nie schaffen". Und weil ich es nicht verstand, versuchte ich ihn zu überzeugen. Ich erzählte voller Begeisterung von einer gelungenen Ausstellung oder einem neuen Bild. Ich sagte ihm, wie erfüllend die Malerei für mich sei, dass es richtig war, was ich machte. Und darum geht es doch: um diese tiefe Gewissheit, um diese innere Erfüllung.

Es war so vieles, was mir in diesem Moment klar wurde. Ich war so glücklich. Am liebsten wäre ich zurück zu meinem Vater gefahren und hätte ihm all das gesagt: dass ich so glücklich bin, dass ich ihn liebem, dass das Leben so schön ist und ich so unendlich dankbar bin für alles. Aber das ging nicht. Ich fuhr heim, heulte Rotz und Wasser, und als ich ankam, fragte mich mein Mann erschrocken, was passiert sei. Ich erzählte es ihm.

Ab da waren die Besuche bei meinem Vater wunderschön. Die letzten paar Male nahm ich meinen Sohn mit. Er erkannte ihn nie, aber mein Sohn wollte trotzdem immer mit. Auch er empfand die Besuche als schön. Wir trafen dort ja nicht nur auf meinen Vater. Es gab noch andere, vor allem alte Menschen. Manche saßen nur da und schienen nichts mitzubekommen. Zwei alte Damen waren immer sehr süß. Jedes Mal fragten sie mich, wer ich sei, und freuten sich dann, wenn ich ein bisschen mit ihnen sprach. Auf diese beiden freute ich mich auch immer. Wenn mein Sohn mitkam, fragten sie jedes Mal, wer er sei, und dann bewunderten sie ihn. Auch ihm gefiel das.

Es waren schöne Momente. Und dann war da dieser wundervollste Augenblick – mein Vater war in seiner Welt – und ich fragte ihn: „Wie geht es dir?“ Er nahm die Frage auf, er verstand sie. Er sah mich an, hielt inne und dann sagte er: „Gut.“ Er schien selbst erstaunt zu sein über seine Antwort und dann lächelte er und seine Augen leuchteten. Es war schön. Ich fühlte, dass es ihm wirklich gut ging, ganz egal, wo er gerade war. Da spürte ich, dass alles gut war. Immer und ewig, schon immer war und für immer sein würde. In allen Welten. Ich spürte auch, dass der Tod nichts ist, was ich fürchten muss, dass er dazugehört wie die Geburt. Auch, dass es Unsinn ist, sich über Dinge, die vielleicht kommen könnten, Sorgen zu machen. Erstens kommen sie meistens sowieso nicht und zweitens können wir sie lösen, wenn sie kommen. Was Sinn macht, ist, sich zu freuen.

Vielleicht klingt es befremdlich, aber diese letzten Wochen waren die beste Zeit, die ich mit meinem Vater hatte. Ich freute mich auf die Besuche, und wenn ich bei ihm war, war ich glücklich, und ich spürte, dass auch er glücklich war. Dabei ging es weder um ihn noch um mich. Es waren die Augenblicke des Glücks, die Momente ohne Vergangenheit, ohne Zukunft. Denn er erkannte mich nur selten. Aber das spielte keine Rolle, darum ging es überhaupt nicht. Es ging nur um die Liebe, um diese Zuwendung. Wenn ich ihn begrüßte und ein bisschen streichelte, da strahlten seine Augen und das war so schön. Ich frage ihn nichts mehr zur Vergangenheit, erwähnte keine alten Zeiten mehr. Überhaupt sagte ich wenig – nur, dass alles gut ist, dass es so richtig ist und dass ich ihn lieb habe. Die Aufenthalte im Pflegeheim waren nur kurz, höchstens eine Dreiviertelstunde. Mehr wollte er nicht. Aber sie reichten aus.

Ich holte meinen Vater nicht mehr in diese Welt zurück. Ich hatte es in der Vergangenheit versucht, weil ich dachte, hier sei es besser. Ich hatte das Leben bewertet. Jetzt wusste ich, dass es mir nicht zusteht, dies zu tun oder vielmehr, dass es unmöglich ist. Denn das Leben ist. Punkt.

Als er starb, war ich überrascht. Es kam sehr schnell für mich. Eines Nachmittags schlief er ein und wachte nicht mehr auf. Ich war traurig, weil ich ihn nicht mehr sehen würde, und ich war glücklich, weil ich wusste, dass es ihm gut ging.

Ich bin glücklich. Was ich tue, tue ich für mich. Ich bin gerne Mutter. Ich liebe meinen Sohn und ich liebe es, ihn zu erziehen, Zeit mit ihm zu verbringen und alles, was dazugehört. Ich liebe meinen Lebensgefährten, auch wenn er alles andere ist als perfekt – nicht anders als ich auch. Ich liebe meine Arbeit. Wenn ich von der Arbeit, die ich jetzt mache, nicht leben könnte, wäre das auch nicht weiter schlimm. Ich wäre auch gerne Altenpflegerin oder Pflegemutter oder irgendetwas anderes, das mich herausfordert und kreativ sein lässt. Ich glaube, es gibt viele Tätigkeiten, die mich glücklich machen würden, denn ich bin ja schon glücklich, in mir drin. Das Äußere ist nur Fassade.

In Kapitel 7 habe ich geschrieben, dass es außergewöhnliche Menschen gibt. Das stimmt so nicht ganz. Es gibt *nur* außergewöhnliche Menschen. Das liegt in der Natur der Dinge. Nichts auf dieser Welt gleicht genau dem anderen und das macht alles einzigartig. Wie jeder Moment, so ist jedes Ding und jedes Lebewesen einmalig, einzigartig und ungewöhnlich. Bei manchen Menschen spürt man diese Außergewöhnlichkeit. Es ist diese Kombination aus Ernsthaftigkeit, Leichtigkeit, Freude, Spaß, Genuss, Gelassenheit, Vertrauen und Liebe, die nach außen strahlt. Es lässt diese Menschen leuchten.

Lasst uns gemeinsam losgehen, lasst uns unsere Welt erleuchten.

# Die Künstlerin Manja Wöhr

„Als Kind hatte ich zwei Träume. Ich wollte nach Afrika gehen und ich wollte Malerin werden“, sagt Manja Wöhr. Sie ist Malerin geworden, im zweiten beruflichen Anlauf. Von 1987 bis 1989 machte sie eine Ausbildung zur fremdsprachlichen Wirtschaftskorrespondentin. Anschließend verbrachte sie zehn Jahre im Ausland, unter anderem in Kanada, Kenia, in der Türkei, San Andrés (Karibik), Abu Dhabi, in der Dominikanischen Republik und Sri Lanka, wo sie für deutsche Tourismusunternehmen tätig war.

Besonders die Zeit in Kenia hat tiefe Eindrücke bei ihr hinterlassen. Dort lernte sie auch die niederländischen Maler Marion van Nieuwpoort und Poen de Wijs kennen, bei denen sie einige Zeit Kunst studierte.

1998 beendete Manja Wöhr ihre letzte Tätigkeit im Ausland als Destination Managerin für LTU Touristik in Sri Lanka, um nach Deutschland zurückzukehren.

Auch in Deutschland übte sie zunächst einen ökonomisch orientierten Beruf aus. Doch der Drang zu malen wuchs. 2001 quittierte sie ihre Tätigkeit als Account Manager/Consultant bei Harvey Nash Deutschland, um sich ganz der Malerei zu widmen.

Von 2002 bis 2006 studierte sie Kunst an der Freien Kunstschule Stuttgart und seit 2007 arbeitet sie als freischaffende Künstlerin.

Daneben ist Manja Wöhr seit mehr als zehn Jahren als Kunstdozentin in der Beruflichen Rehabilitation tätig, wo sie mit wunderbaren Menschen arbeitet, die es aus unterschiedlichen Gründen seelisch aus der Bahn geworfen hat. In ihrer Arbeit als Künstlerin und Kunstdozentin hat Manja ihre Berufung gefunden, und mit „KWiF" möchte sie andere Frauen dazu ermutigen, ihren eigenen Weg zu gehen.

www.atelier37.de

Neben ihrer beruflichen Zeit in Kenia bereiste sie als Rucksacktouristin noch andere afrikanische Länder – Sambia, Zimbabwe, Tansania, Malawi und Kamerun, wo sie unter anderem auch Missions- und Entwicklungshilfestationen besuchte.

„Während meinen Aufenthalten und Reisen in anderen Ländern bin ich vielen Menschen begegnet, die sehr anders als ich waren: nicht nur in ihrem Äußeren, auch in ihren Lebensweisen und Anschauungen und in ihren Bräuchen. Trotzdem gab es viele Gemeinsamkeiten, auch Gemeinsames an Empfinden und Gefühlen und dem Verständnis von Recht und Unrecht."

## Zu meiner Malerei

„Ich bin Malerin. Bilder brauchen einen Inhalt. Daher ist der Inhalt meiner Bilder das, was mich beschäftigt. Einerseits male ich mein Afrika, dieses kindliche Paradies, in all seinen Farben. Andererseits geht es um Grenzüberschreitungen. So sind Linien ein wesentlicher Bestandteil meiner Bilder. Auch die Bildtitel zeigen diese Themen. Sie heißen „Afrika", „Verliebt", „Hingabe", „Vogelfrei", „Fight"

(Kämpfe), „Sterntaler", „Rapunzel" oder „No surrender" (Gib niemals auf). Bei den letzten drei Titeln geht es darum, wie sehr wir von der Gesellschaft beeinträchtigt werden, das heißt, wie viel bin ich und wie viel von diesem ich prägt die Gesellschaft.

Für mich zählt der einzelne Mensch. Menschen dürfen nicht unterdrückt werden – nicht von anderen Menschen und nicht von Institutionen oder Regierungen.

Andersherum ist es so, dass ich Malerin werden musste, um das, was mich beschäftigte, auszudrücken, denn anders konnte ich es nicht. So konnte ich meinen Gefühlen Bilder geben. Malen war und ist auch heute noch Teil meiner Sprache, ein Weg, mich auszudrücken. Dabei geht es nicht immer darum, alles zu verstehen; es geht vielmehr darum, etwas herauszulassen und dadurch loszulassen."

# Das KWiF-Programm

Vielleicht bist du neugierig geworden und möchtest KWiF ausprobieren.

Am Ende dieses Buches findest du dazu Seiten mit Bildern zum Heraustrennen.

Anschauen, markieren, aufhängen – und schon geht's los!

Mehr Motive fürs Smartphone oder zum Ausdrucken gibt es auf der Homepage der kleinen wilden Frau kostenlos zum Downloaden. Außerdem gibt es dort regelmäßig neue Kurzgeschichten und praktische Übungen für den Alltag.

Komm und besuche uns doch mal!

www.die-kleine-wilde-frau.de

# Die Begleitfigur zum Buch

## *Die kleine wilde Frau* als Anhänger

Als Anhänger ist sie die Begleiterin für unterwegs, die von Tasche zu Tasche wandert und die mal hier und mal da liegt. So ist sie stets an unserer Seite und unterstützt uns auf dem Weg, immer öfter auf unsere innere Stimme zu hören.

Die kleine Dame kannst du auf der Homepage *der kleinen wilden Frau* erwerben.

Danke!

Sandra Cammann

**Herzen fühlen**

Kamasutra für Einsteiger

Gebundene Ausgabe 232 Seiten, farbig

ISBN: 978-3-86410-173-1

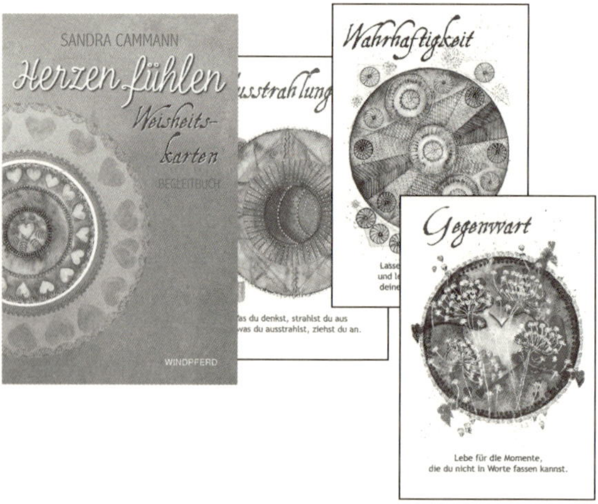


Sandra Cammann

**Herzen fühlen – Weisheitskarten (Set)**

Kartenset 42 Karten, mit Begleitbuch (72 Seiten)

ISBN: 978-3-86410-193-9

**www.windpferd.de**

Angelika Uliczka

**Das Flow-Orakel der Kraft**

Ein spiritueller Pfad zur weiblichen Schöpferkraft –

Der Kreativitäts-Code der Maya

Kartenset 33 Karten und 132 seitiges Buch

ISBN: 978-3-86410-204-2

Robert Hoppaus

**Lebe im Zauber der Leichtigkeit**

Praktische Anregungen für einen Alltag in Leichtigkeit

Gebundene Ausgabe 120 Seiten, farbig

ISBN: 978-3-86410-181-6

**www.windpferd.de**

Liebe

# Zeit

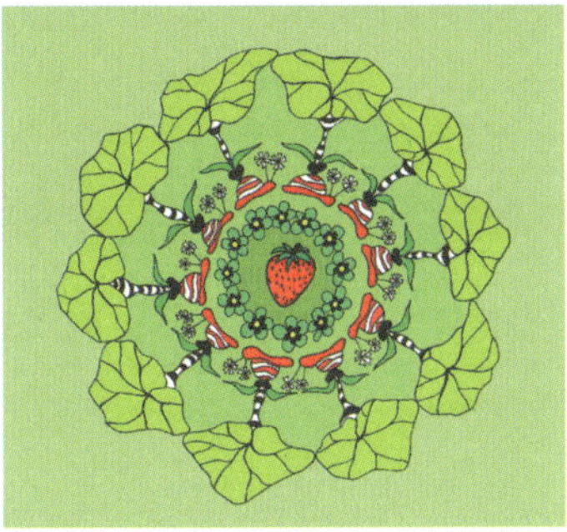

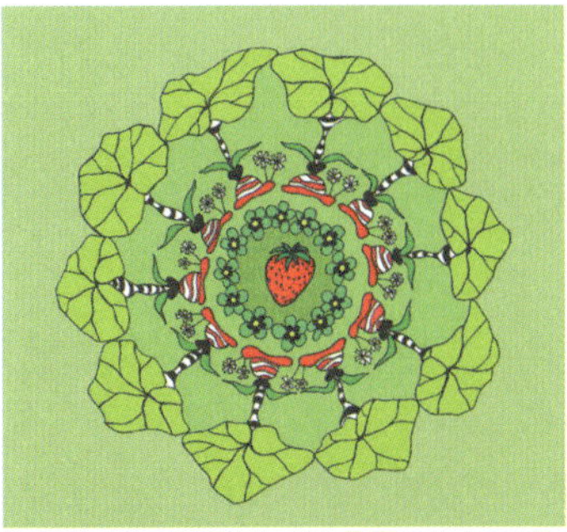

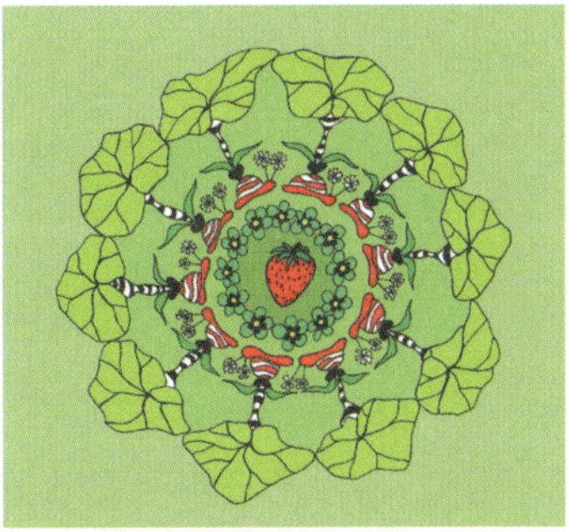
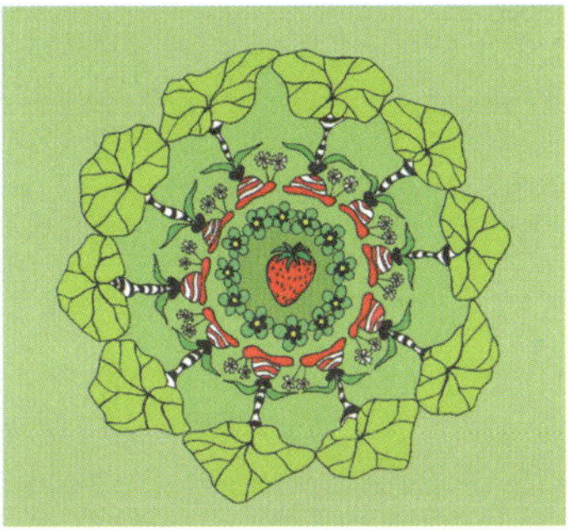